A REDENÇÃO

Ascensão, Queda e Redenção do Espírito Humano

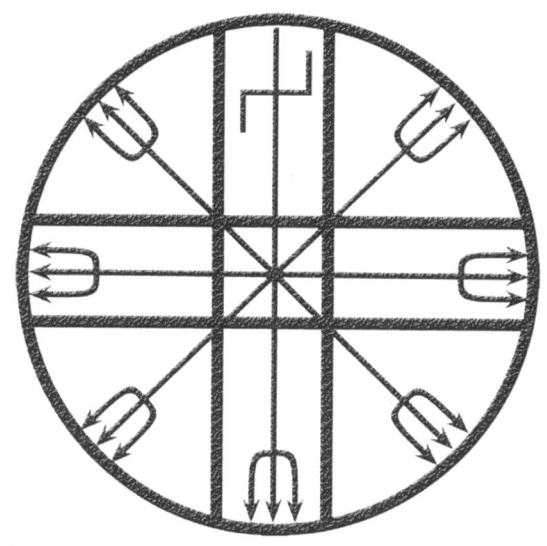

História do espírito humano
Sr. Exu Tranca Ruas das Sete Encruzilhadas

Rodrigo Queiroz
Ditado por Pai Preto de Aruanda

A REDENÇÃO

Ascensão, Queda e Redenção do Espírito Humano

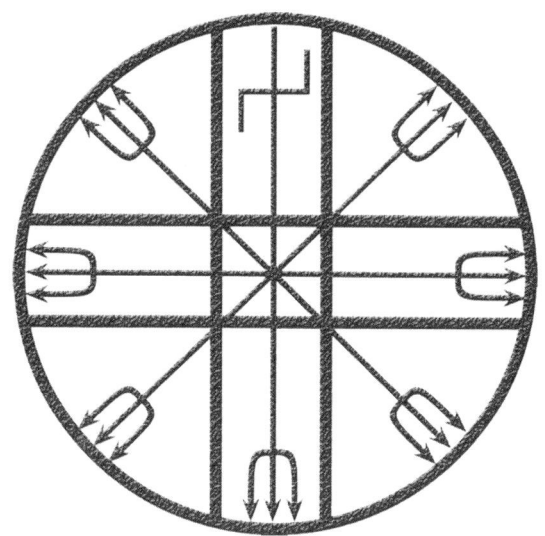

História do espírito humano
Sr. Exu Tranca Ruas das Sete Encruzilhadas

MADRAS

© 2008, Madras Editora Ltda.

Editor:
Wagner Veneziani Costa

Produção e Capa:
Equipe Técnica Madras

Revisão:
Naney H. Dias
Arlete Sousa
Bianca Rocha

Dados Internacionais de Catalogação na Publicação (CIP)
(Câmara Brasileira do Livro, SP, Brasil)

Pai Preto de Aruanda (Espírito).
A redenção : ascenção, queda e redenção do Espírito humano / ditado por Pai Preto de Aruanda ; [psicografado por] Rodrigo Queiroz. — São Paulo : Madras, 2008.
ISBN 978-85-370-0394-7
1. Psicografia 2. Romance brasileiro 3. Umbanda (Culto) I. Queiroz, Rodrigo. II. Título.
08-06707 CDD-299.672
          Índices para catálogo sistemático:
      1. Romance mediúnico : Umbanda 299.672
      2. Umbanda : Romance mediúnico 299.672

É proibida a reprodução total ou parcial desta obra, de qualquer forma ou por qualquer meio eletrônico, mecânico, inclusive por meio de processos xerográficos, incluindo ainda o uso da internet, sem a permissão expressa da Madras Editora, na pessoa de seu editor (Lei nº 9.610, de 19.2.98).

Todos os direitos desta edição reservados pela

MADRAS EDITORA LTDA.
Rua Paulo Gonçalves, 88 — Santana
CEP: 02403-020 — São Paulo/SP
Caixa Postal: 12299 — CEP: 02013-970 — SP
Tel.: (11) 2281-5555 — Fax: (11) 2959-3090
www.madras.com.br

Dedicatória

A você que por algum motivo está com esta obra em mãos na busca de informações e conhecimentos.
A Adriana, que até este ponto me acompanhou, compartilhou e ouviu por muito tempo a mesma música.
A Luã, minha semente, meu filho, minha obra, motivo de minha dedicação para melhorar a realidade panorâmica desta religião.
A Rubens Saraceni, pois esta é a concretização da expansão do trabalho que esse mestre iniciou.

Agradecimentos

Ao amado mentor Pai Preto de Aruanda, pela confiança, e ao Sr. Tranca Ruas, pela companhia...
Ao irmão Wagner Veneziani Costa, que, acreditando na obra, viabiliza sua publicação pela Madras Editora.
A todos companheiros de luta no ideal de luz, alunos, iniciados, filhos e irmãos na fé aos Divinos Orixás.
Ao Instituto Cultural Aruanda.

ÍNDICE

Palavras do Autor 13
Apresentação 15
Capítulo I
O Desfecho 15
Capítulo II
A Tragédia 25
Capítulo III
A Tragédia Continua 29
Capítulo IV
O Reflexo 37
Capítulo V
No Templo da Sabedoria e da Lei Divina 43
Capítulo VI
O Tormento 47
Capítulo VII
No Templo da Regeneração 51
Capítulo VIII
No Templo da Evolução e Vida Divina 55

Capítulo IX
Preparando o Socorro 59

Capítulo X
Sofrimento sem Fim 63

Capítulo XI
Sete Encruzilhadas 65

Capítulo XII
Portão do Inferno 69

Capítulo XIII
O Choque da Luz e das Trevas 71

Capítulo XIV
Reajuste na Luz 73

Capítulo XV
Jorge Consciente 75

Capítulo XVI
Um Mergulho em Si (por Jorge) 77

Capítulo XVII
No Templo da Evolução Divina 79

Capítulo XVIII
Reação do Ódio 85

Capítulo XIX
A Magia 89

Capítulo XX
Marcado para Todo o Sempre 91

Capítulo XXI
O Retorno 93

Capítulo XXII
Assentamento de um Guardião 95

Capítulo XXIII
Conhecendo as Atribuições 103

Capítulo XXIV
Início da Busca 111

Capítulo XXV
Próximo da Redenção 121

Capítulo XXVI
A Redenção 127

Capítulo XXVII
A Nova Religião e suas Atribuições 135

Capítulo XXVIII
Início de Nova Semeadura 149

Palavras Finais 151

Palavras do Autor

Quando o Sr. Tranca Ruas informou que eu escreveria um livro sobre a vida dele, fiquei muito inseguro e sinceramente desconfiei dessa possibilidade, mas imaginava que seria ele quem ditaria para alguém.

Alguns meses depois, aproximou-se Pai Preto de Aruanda, apresentando-se como o Preto-Velho que se responsabilizaria por me passar os livros por meio de psicografia, o que não seria bem isso, pois ele apenas ditaria e eu escreveria, ou melhor, digitaria. Só que tem um detalhe: ele falou "livros"!

Logo imaginei que não era um e me coloquei à disposição.

Marcado o dia para o início da comunicação, fiquei ansioso e, quando ele chegou e começou a ditar, fui ficando surpreendido.

Isso em meados de 2004. Tudo corria bem, até que chegou a parte do Egito, que mexeu demais comigo, porque nada de conhecimento sobre esse assunto eu trazia. Então bloqueei as comunicações para estudar um pouco sobre esse país, principalmente a história de Ísis e seu templo. Bem, passaram-se alguns anos, e eu não tinha conseguido me aprofundar no tema e também não consegui encontrar nenhuma referência sobre os feiticeiros de Ísis.

Toda essa dificuldade foi me dando insegurança, não por desconfiança no espírito narrador, mas em mim mesmo, que gostaria de me preparar para debater, criticar, etc.

Fui me envolvendo cada vez mais com outros projetos, o que também dificultou minha disponibilidade para retomar a narração dos livros.

Passaram-se dois anos, e fui cobrado severamente por Pai Preto de Aruanda e pelo Sr. Exu: disseram que ou eu seria o instrumento deles ou que deveria rever meus conceitos, então percebi como estava sendo relapso.

Resolvi me despreocupar e deixar rolar a história que aqui está.

Outros livros já estão sendo produzidos e muitas informações sendo transmitidas.

Depois de terminado este livro, surgiu mais uma preocupação por conta da forma que foram narrados alguns fatos, revelando assim algumas situações, as quais posso dizer... indigestas.

Então, leitor, você que já se propôs a abrir este livro e está sentado aí no seu sofá, na sua poltrona, cama, ou cadeira, oriento sobre a necessidade de se despir dos tabus ao pensar que já sabe o suficiente sobre as coisas do espírito. Aqui as coisas mudam.

Este também não é um livro para ser lido rapidamente e ser jogado na prateleira. Faça a primeira leitura, depois vá se aprofundar nos estudos técnicos sobre as narrações e refaça a leitura, para somente assim ter um julgamento opinativo.

Sinceramente, antes de eu ser usado para escrever este livro, se eu lesse algumas coisas daqui, certamente, pela minha limitada compreensão das "verdades", as julgaria fantasiosas ou mesmo inacreditáveis em certas passagens. Mas, ao entender o outro ponto da narração, fiquei muito seguro.

E, por falar em segurança, foi o que fiz, até que eu compreendesse plenamente o que aqui fora narrado, então comecei a segurar a publicação deste livro enquanto aguardava o último aval do personagem principal. Quando a determinação chegou, fizemos o serviço rapidamente.

Vale ressaltar que a linguagem usada para representar as divindades e entidades guardiãs aqui apresentadas está no contexto de Umbanda.

Desejo a você, leitor, uma bela aventura nesta narração, a qual nos faz refletir e mexe com nossos conceitos e preconceitos, e espero que com isso você encontre também o seu caminho de luz e de redenção.

Não é este um livro para ser lido, mas sentido!

Forte abraço e saravá!

Rodrigo Queiroz

Apresentação

Eis que mais uma trama cármica nos é mostrada de forma romanceada. Nela, os sentimentos assumem maior importância para os personagens que seus deveres para com o próximo!

A literatura espiritualista já vem há muito tempo nos trazendo histórias de erros monumentais cometidos por seres que se deixam arrastar pelos sentimentos descontrolados, geradores de ações que se desdobram no tempo e que avançam no plano espiritual, em que, teoricamente, nada acontece porque uns não acreditam em vida após a morte e outros acham que os espíritos nada fazem porque do "outro lado" nada existe.

Os romances espiritualistas (creia neles quem quiser) desmentem as afirmações acima e nos mostram que o lado espiritual é riquíssimo em experiências e aprendizado evolutivo.

Como o propósito de todo romance espiritualista é ensinar os seus leitores por meio da experiência e do sofrimento alheio, creio que temos aqui mais uma oportunidade de aprender pela leitura.

Rodrigo Queiroz, neste seu belíssimo romance, nos leva às profundezas da alma, nas quais os sentimentos positivos e negativos travam uma luta incessante, uns sobrepondo-se aos outros, confundindo o ser e mexendo com sua consciência de tal forma que espíritos inteligentíssimos mostram-se maus e ignorantes, não como condição permanente, mas como prisioneiros do próprio carma que criaram para si, do qual não conseguem se libertar.

Não vou contar aqui o que se passa no decorrer desta trama do destino, para não privar o leitor das descobertas do "virar de páginas".

Parabéns, Rodrigo Queiroz!

Obrigado, Pai Preto de Aruanda, por inspirar tão instrutiva obra mediúnica.

Agradeço ao Senhor Exu Tranca Ruas das Sete Encruzilhadas por nos relatar suas dificuldades na longa jornada evolutiva. Com sua "biografia", todos nós evoluímos um pouquinho mais!

Rubens Saraceni

Capítulo I

O Desfecho

Aprendam a abrir a mente e os olhos para novas formas...
Sr. Tranca Ruas das Sete Encruzilhadas

Que bom é estar aqui, este cheiro de perfume barato, bebidas sofisticadas e alucinantes, boa companhia de amigos e boa música.
Ao contemplar o ambiente, fui interrompido.
– Como vai, dr. Jorge Della Ponte? Está bem servido?
– Como vai, dona Cecília? Como pode ver, não estou muito bem servido, pois estou só.
– Não seja por isso, doutor. Vou lhe apresentar nossa nova camélia.
Fiquei de súbito curioso e lisonjeado. Mas não era por menos, eu era um dos seus melhores e mais lucrativos clientes. Todos os dias eu depositava altas quantias. De moedas naquele lugar. Não poupava, queria diversão, isto, sim, era importante.
– Aqui está, dr. Jorge. Esta é Rebeca...
Fiquei espantado com tamanha beleza. De onde teria vindo aquela beldade escultural? Fui nutrido por um forte sentimento de prazer e uma vontade louca de ter a companhia daquela nova camélia.
– Como vai, dr. Jorge? – cumprimentou Rebeca.
Saí do meu transe emocional e respondi:
– Estou ótimo. A senhorita me daria a honra de sua bela companhia?
– Claro, doutor!
– Com licença, dr. Jorge. Vou andar pelo salão – despediu-se dona Cecília.
Eu só acenei com a cabeça, pois estava concentrado em Rebeca.

– Então é a nova camélia da casa? – perguntei.
– Sim, cheguei hoje.
– E já conquistou algum cliente?
– Oh, não, doutor, eu não sou deste meio. Hoje é minha primeira experiência...

Ao ouvir aquelas doces palavras, senti-me um tanto constrangido, porém fui novamente dominado por uma vontade de possuí-la, e este sentimento tomou maior proporção ao imaginar a oportunidade de ser o primeiro homem a tê-la nesse sentido.

Eu sabia que dona Cecília já teria a alertado quanto à minha generosidade com as camélias e à minha posição social na região. Aproveitando-me disso, conduzi-a ao quarto. E tivemos nossa primeira experiência.

– O que devemos fazer Pai Preto?
– Não podemos agir, querida irmã...Veja, concentre-se e observe o que ocorre...

Diante de Pai Preto e sua tutelada Flor-de-liz surgiram em volta de dr. Jorge e Rebeca seres horrendos, homens desfigurados e mulheres de cor rubra, que pairavam sobre eles; num frenesi alucinante, sugavam-lhes as energias sexuais e os incentivavam a uma prática monstruosa daquela relação. Vez por outra se confundia o casal com os seres infernais, estes espíritos acoplavam em seus corpos e se saciavam de seus desejos.

– Pai Preto, certamente devemos fazer algo. Jorge não agüentará por muito tempo esta vida. E pelo que vejo, nenhuma outra mulher que tínhamos observado trazia consigo tantos seres.

– Flor-de-liz, acalma teu coração, sei que se preocupa com seu tutelado e os caminhos tortuosos que ele está escolhendo para viver... Mas...

– Mas o quê, Pai Preto? – desesperou-se Flor-de-liz.
– Mas o Criador sabe o que faz, irmã. Ele não deixa de amparar seus filhos, ainda que eles se distanciem do Pai...

Pai Preto calou-se repentinamente.
– O que acontece, Pai Preto?
– Irmã, de pronto, nada pode fazer. Retornaremos à nossa Colônia, vamos ao Templo da Fé e do Amor Divino e rogaremos ao Pai e aos Mestres Superiores que tenham piedade de Jorge.

Flor-de-liz não tinha como contestar seu Tutor e seguiu de volta para as esferas superiores.

Pai Preto procura uma forma de acalmar Flor-de-liz, que há muito tempo perdeu o controle de seu tutelado... Mas ele preocupou-se ao identificar a presença de um "grande" das Trevas, que certamente conduziria Jorge ao lodo das Trevas e à loucura sexual.

Dr. Jorge acordou assustado.

– Que hora será agora? – perguntou desesperado, procurando seu relógio de bolso.

Levantou-se rápido. Já avançava longe a madrugada, e ele teria que retornar ao sítio, que não era muito perto. Embriagado, mal conseguia se vestir. Rebeca, estirada na cama, dormia um sono profundo. Já não tinha mais forças.

Dr. Jorge avançou pelo corredor. Já não tinha mais ninguém no cabaré. Desceu as escadas aos tropeços e avistou dona Cecília contando o faturamento do dia. Foi ao encontro dela e ordenou:

– Dona Cecília, pagarei o dobro pela noite, e não quero Rebeca com outros homens. Fique tranqüila, que a compensarei, entendido?

Mal conseguia falar...

– Sim, dr. Jorge. Fico muito feliz que tenha gostado de nossa nova camélia, mas o senhor sempre apreciou a diversidade. O que aconteceu? – indagou a cafetina um pouco assustada.

– Dona Cecília, minhas preferências não lhe dizem respeito. Sou dono de mim. O que importa agora é que Rebeca será só minha, ficou entendido? – bravejou dr. Jorge pela indiscrição de dona Cecília.

– Sim, dr. Jorge, está entendido. Não disponibilizarei Rebeca, mas saiba que o valor é alto, ela é pura – ironizou.

– Dona Cecília, está me levando a desrespeitar sua posição. Não perguntei quanto me custará o privilégio, sabe muito bem que tenho fortuna suficiente. Agora já vou, e assunto encerrado.

Dr. Jorge virou as costas e, aos tropeços, sem noção de espaço, avançou para fora da casa.

Vamos, Valente, toque rápido para o sítio.

– Sim, senhor – prontificou-se o negro.

Dr. Jorge, cansado, pensava em Rebeca. Dominado pelo sentimento de posse, alegrava-se com a idéia de ter sua camélia particular.

Ao chegar ao sítio, assustou-se ao avistar a luz da vela acesa em seu quarto. Preocupou-se pela embriaguez, firmou os passos e adentrou o lar.

Quando entrou no quarto, surpreendeu-se ao se deparar com Clara penteando o cabelo e com o cheiro de perfume no ar.

– Boa noite, querido. O que houve? – indagou Clara amorosamente.

Aquela mansidão e o amor que era extravasado por Clara irritaram dr. Jorge.

– Ora, mulher, estava trabalhando. Muitos pacientes me importunaram hoje, só consegui sair do consultório agora – disparou dr. Jorge de forma rude.

– Desculpe, querido, não pretendia irritá-lo. Quer que eu lhe prepare um banho? Deve estar cansado e, pelo cheiro que exala, deve ter atendido muitos bêbados, não?

Novamente aquela mansidão irritou dr. Jorge, que se controlou e solicitou o banho.

Com seu corpo imerso no banho, dr. Jorge relaxou e foi atraído pelos profundos sentimentos de indecisão, quando mergulhou em seus pensamentos:

"Não é possível que Clara não perceba que estive com outras mulheres, ela, uma mulher tão culta, de família nobre e uma excelente mãe. Meus filhos... Sou privilegiado por Deus. Tenho uma linda esposa, que faz seu excelente papel de mãe. Clarice e Jorginho, meus queridos filhos.

Clara é uma bela mulher, olhos claros como o mar, pele macia e clara de uma beleza superior. Mas Rebeca superara, ela é um anjo.

E não sei o porquê, mas há muito tempo perdi o encanto por Clara, apesar de seus bons tratos e seu jeito fogoso. Eu não conseguia compartilhar os sentimentos. Claro que atendia aos seus desejos físicos, afinal sou varão e tenho que cuidar de minhas mulheres.

De certa forma, esta condição me incomoda. E, agora que conheci Rebeca, não a deixarei que escape, custe o que custar."

Dr. Jorge foi despertado de seus pensamentos com um leve beijo na testa. Clara estava à sua frente lhe oferecendo a toalha.

Ela tinha um tratamento com seu marido diferente do habitual na época, mas era fruto de sua educação proveniente da Itália, de onde dr. Jorge a trouxera.

Dr. Jorge agradeceu e enxugou-se rapidamente. Deitou-se na cama e dormiu. Clara o observou com um forte aperto no coração.

Já não sabia mais o que fazer para reconquistar seu marido, que outrora lhe parecia tão apaixonado. Ele já não era o mesmo... E, em um choro silencioso, virou-se para o lado oposto e clamou por uma ajuda dos céus.

Dr. Jorge levantou-se. Clara já havia se levantado. Ele se dirigiu à sala de jantar, onde sua esposa e seus filhos o aguardavam...
– Bom dia, papai – cumprimentou Clarice, que contava seus nove anos de idade.
– Bom dia, papai – cumprimentou Jorginho, que estava com sete anos.
– Bom dia para todos – cumprimentou dr. Jorge, que contava 30 anos.
– Bom dia, querido – cumprimentou Clara, que tinha apenas 28 anos de idade.

Dr. Jorge alimentou-se rapidamente e seguiu para seu consultório. Ao chegar lá, já havia muitas pessoas que aguardavam seu atendimento. Dr. Jorge formou-se em Medicina na Itália. Nasceu nesse país, mas logo após seu nascimento, seus pais vieram para o Brasil. Viveu no Rio de Janeiro com seus pais imigrantes, voltou para Itália para concluir sua formação e retornou ao Brasil já casado com Clara.

Em pouco tempo conquistara boa clientela. Era um bom médico, atencioso e carinhoso com seus pacientes. Adquirira grande fortuna rapidamente, que se juntou com o pouco que ele herdou de seu falecido pai.

Dr. Jorge espera ansiosamente o fim do expediente para ir ao encontro de Rebeca. Não entendia aquele sentimento que tomava posse de seu ser. Seria amor? Paixão? Atração física? Desejo? Não conseguia distinguir, mas era bom, e viveria aquele sentimento a fundo.

Já era noite quando acabaram seus atendimentos e ele seguiu para o cabaré.

Seu coração acelerou e ele avançou para dentro do recinto. Deu uma rápida olhada para o ambiente e não avistou Rebeca. Decepcionou-se e, tomado de uma fúria, dirigiu-se a dona Cecília.
– Boa noite, dona Cecília. Onde se encontra minha Rebeca?

– Boa noite, dr. Jorge. Por que o espanto? – ironizou.
Aquele jeito irônico de dona Cecília irritava-o. Conteve-se e respondeu:
– Porque vim ao encontro de Rebeca. Onde ela está?
– Ora, dr. Jorge, o senhor ordenou que ela fosse exclusiva, então ela não sairá do quarto, a não ser que o senhor ordene.
Dr. Jorge ficou satisfeito e muito contente. Subiu correndo a escada, passou pelos corredores e abriu a porta do quarto, esbaforido.
– Boa noite, doutor. Veio me ver?
– Claro, minha Rebeca...
– Dona Cecília me informou que você não quer que eu fique com outros homens.
– Sim... Sim, quero que seja só minha – disse envergonhado.
– Fico muito feliz, doutor. Eu adorei a sua companhia – mentiu a camélia.
Rebeca contentava-se em ser exclusiva, pois sabia da fortuna que dr. Jorge ostentava, e ela se apossaria de tudo, custasse o preço que custasse.
Dr. Jorge mais uma vez deitou-se com Rebeca...
E assim foi por muitos meses. Dr. Jorge já não retornava para seu lar diariamente.
Clara, que sabia o que estava ocorrendo, foi tomada por uma grande mágoa, e isso a levou a uma profunda depressão psíquica...
– Minha filha, tome este chá. Irá lhe animar, segundo a cozinheira – pedia dona Marta, mãe de Clara, que viera visitar a filha havia alguns meses e se deparara com os acontecimentos. Acabou ficando ao lado da filha até que tudo se resolvesse.
Os esforços de dona Marta eram em vão. Clara se afundava cada vez mais na depressão, e as conseqüências poderiam ser as piores.

~~~

– Pai Preto, as Trevas estão tomando conta de todo o ambiente. Já não se contentam só com Jorge.
– Sim, Flor-de-liz, os débitos que Jorge está adquirindo têm tomado dimensões catastróficas. Infelizmente ele está semeando o mal.
– Mas, Pai Preto, não seria Rebeca a causadora de todo este mal?

– O que faz você pensar isso, Flor-de-liz?
– Rebeca é quem convive com aqueles seres...
– Sim... Mas não podemos inocentar Jorge, que não é nada ignorante e que sozinho buscou ser dono de Rebeca, movido pelo sentimento de posse e extravagância sexual, acreditando ser invencível. Ora, irmã, você sabe que Jorge, seu tutelado, permitiu-se ser tomado pelo orgulho e pela vaidade, embora tivesse dentro do seu lar os melhores exemplos de simplicidade e humildade, provenientes de seus pais terrenos... – disse Pai Preto antes de se calar.
– Entendo, Pai Preto. Mas não podemos fazer nada?
– Podemos, sim, irmã. Oremos ao Pai – encerrou Pai Preto, abraçando Flor-de-liz e avançando para as esferas superiores.

Chegando ao Templo da Fé e do Amor Divino, os pais terrenos de Jorge, acompanhados por um Mestre Luzeiro, saudaram esses seres espirituais:
– Salve, Pai Preto! – cumprimentaram.
– Salve, irmãos! – respondeu.
– O que os trazem até nós, sr. Nildo e sra. Valéria? – perguntou Pai Preto.
– Querido irmão, viemos pedir vossa ajuda. Você sabe que nosso filho Jorge tem adquirido grandes débitos diante do Pai – respondeu sra. Valéria.
– Sim, irmã, eu sei. Acabei de retornar de um "encontro" com ele.
– Pois é, Pai Preto, sabemos que uma tragédia ocorrerá, e... – disse sra. Valéria chorando.

Aquelas palavras arrepiaram Flor-de-liz.
– Tragédia? Do que estão falando, Pai Preto? – indagou Flor-de-liz.
– Bem, irmãos, sabemos que Jorge, com suas atitudes, está sobre o domínio de um forte ser das Trevas. Assim, todos ao redor de Jorge estão sujeitos aos tratos deste ser...
– Mas, Pai Preto, por que Clara deve pagar um preço tão alto pelas imprudências de Jorge? – perguntou sr. Nildo.
– Irmãos, todos aqueles que reencarnam trazem consigo seus débitos e a busca pela elevação espiritual. Jorge já adquiriu grandes esclarecimentos sobre as coisas do espírito, mas, da mesma forma, deturpou o conhecimento e o usou para seu bel-prazer. Então, todos os envolvidos com ele neste momento estão sob a regência

do Pai, que tenta mostrar, de uma maneira ou de outra, a busca pela elevação.

"Clara, por sua vez, permitiu-se envolver com esses problemas. O amor que ela tem por Jorge também não é deste tempo: quando Jorge retornou à Terra para resgatar seus débitos, pediu que Clara voltasse com ele para que ela lhe desse o suporte necessário. Mas os dois fraquejaram e estão sendo escravos de si mesmos.

"É bom que não esqueçamos que o Pai nunca desampara seus filhos e que nosso Mestre Jesus está sempre ao nosso lado. Confiemos nisso, e tudo se solucionará. Aliás, temos a eternidade para isso.

"Oremos ao Pai para que tenha piedade, mas não podemos pedir que alivie Jorge ou Clara, pois Ele sabe das necessidades de cada um de nós."

Pai Preto calou-se. Seu método de encerramento das conversas é sempre espontâneo. Ele cala-se e pronto, assunto encerrado.

Somente Pai Preto enxergava o Mestre da Luz que acompanhava os dois familiares de Jorge.

Despediram-se, e Pai Preto seguiu com Flor-de-liz para o interior do Templo da Fé e do Amor Divino.

Ele sabia o que ocorreria. Era preciso preparar-se.

Capítulo II

A Tragédia

Não se percam com o encanto...
Sr. T. R. 7 E.

Já se passavam sete dias, e Jorge não retornava para seu lar, estando o tempo todo embriagado e deitando-se com Rebeca.

Aquele ser trevoso não se distanciava de Jorge, então Pai Preto precisou usar outros recursos.

Trazia consigo um turíbulo de barro e ervas secas maceradas. Fez o preparado e ateou fogo. Quando a fumaça começou a tomar conta do recinto, ele foi ao encontro do ser trevoso, fez-se visível ao Kiumba e ordenou:

– Companheiro, afaste-se de Jorge.
– Quem é você, seu negro imundo? – vociferou o Kiumba. – Que cheiro maldito é este? Saia daqui maldito feiticeiro. Sabe que este verme é meu.
– Amigo...
– Não me chame de amigo, seu velhote feiticeiro, desgraçado...
– Paz em Cristo, Maria e José. Afaste-te deste filho, ser das Trevas.

Uma luz intensa tomou conta do recinto.

– Aaaahhhhhh, desgraçado – gritou o Kiumba, que desapareceu na frente de Pai Preto.

Por pouco tempo este Kiumba ficará afastado de Jorge. O suficiente para que Pai Preto cumpra sua missão.

Pai Preto passou a fumaça por algum tempo sobre o corpo espiritual de Jorge, que se encontrava coberto por miasmas e vermes vampirizadores. Após efetuar a limpeza suficiente, comunicou-se com ele.

– Dr. Jorge Della Ponte, siga até seu lar, precisam de você... – sussurrou Pai Preto no ouvido de Jorge.
Jorge acordou em um sobressalto. Incrivelmente, não estava embriagado. Assustado, vestiu a sua roupa.
– O que foi, doutor? – disse Rebeca estranhado.
– Meu amor, preciso ir ao sítio. Acho que precisam de mim. Afinal, já faz alguns dias que não apareço por lá.
– Não demore, doutor.
– Não demorarei.
Jorge entrou em sua charrete e ordenou:
– Vamos, Valente, siga veloz até o sítio.
Jorge sentia uma angústia, algo estranho acontecia em seu ser. Não conseguia distinguir, mas nada de bom estaria acontecendo.
Alguns minutos, e já estava no sítio.
Olhou para a casa e sentiu medo de adentrar o recinto. Ficou parado por alguns segundos ao pé da soleira e por um impulso entrou na casa.
Sentia uma angústia no ar. Seu coração disparava em um galope frenético.
– Clarice! Jorginho! – gritou pelo nome dos filhos.
Assustou-se com o silêncio. Dirigiu-se à cozinha e estranhou a ausência de Raimunda, sua cozinheira.
– Clara! Clara! Clara! Meu amor! – gritava desesperadamente.
O silêncio o assustava. Amedrontado, dirigiu-se ao quarto. A porta estava recostada. Levemente foi abrindo-a. O ranger da madeira arrepiou todo o corpo dele.
A janela do quarto estava fechada, mas uma pequena fresta permitia um fio de raio solar iluminar o corpo de Clara sobre a cama.
Correndo até ela, Jorge gritava seu nome. Ela estava morta.
– Não! Não! Não! Clara acorde! O que houve? – em soluços e lágrimas de desespero, Jorge chamava Clara.
– Clara, me perdoe. Volte, eu te amo.
Pai Preto e Flor-de-liz irradiavam sobre Jorge fluídos calmantes. Era necessário que Jorge se preparasse. A tragédia ainda começaria.

Ao lado de Clara, onde outrora foi o lugar de Jorge, havia um bilhete. Desesperadamente, Jorge desdobrou o papel e leu:

Querido Esposo,
Vou-me embora. Deixarei você aliviado, para que não se sinta culpado por não poder viver seu novo amor como deseja. Ainda que eu não compreenda, uma vez que eu te amo tanto.
Mas por te amar tanto é que lhe abro os caminhos.
Minha morte não será dolorida, estou sobre forte efeito de remédios e, em alguns minutos, já não farei parte desta vida.
As crianças foram para a Itália com minha mãe. Serão bem educadas por lá. Deixaram um beijo para você, meu querido!
Querido, cuide-se e não se iluda com paixões devoradoras e repentinas. Cuide do patrimônio que herdou de seu pai e que aumentou com seu digno trabalho.
Lembro-me agora do momento em que nos conhecemos... Você, um lindo jovem cheio de vida, cheio de garra em ser alguém conhecido, que queria ajudar o próximo. Lembro-me também de como me amou, das juras de amor eterno, da nossa vinda ao Brasil, do nascimento de nossos filhos, recordo-me da alegria que reinava em nosso lar, lembro-me de tantas coisas e nunca esquecerei o quanto te amei.
Vou encerrar por aqui. Já sinto o efeito dos remédios, já estou perdendo a coordenação dos sentidos.
Um grande beijo, meu amor...
Nos encontraremos em breve, se é que existe algo além do que a Terra.
Sua eterna Clara V. Della Ponte...

Chorando desesperadamente, Jorge não se conformava com o ocorrido.
– Meu Deus, Clara, por que fizeste isso comigo? Sabes que sou varão. É assim que acontece. Mas eu sempre te amei... – e chorou sua dor por algumas horas.
Quase sem forças, Jorge levantou-se do chão e beijou a testa de Clara. Não podia mudar aquela situação, e precisava tomar providências com o corpo, que já cheirava mal.

Compadecida pelas fortes emoções, Flor-de-liz banhava Jorge com bons fluídos.

– Pai Preto, será que após essa dor Jorge volta à realidade?

– Irmã, dificilmente. Agora Jorge está só, sem esposa e sem filhos, só tem a companhia de Rebeca e seus companheiros astrais...

Flor-de-liz sofria, mas acreditava que o Pai não desampararia.

Jorge providenciou um enterro rápido, pois não tinha nenhum parente ou amigo para velar o corpo.

Desconsolado, segue para a vila, para encontrar-se com Rebeca. Só ela o entenderia...

Capítulo III

A Tragédia Continua

Desolado, Jorge chega ao cabaré e dirige-se ao quarto cativo...
– E então, querido? Tudo bem no sítio? – indagou Rebeca.
Jorge foi tomado por uma onda incontrolável de dor e começou a chorar. Em soluços respondeu:
– Clara está morta!
Rebeca ria por dentro. Não era novidade, pois ela mesma se encarregou de fazer com que Clara soubesse da traição. Ela mesma foi até Clara e se confessou amante de Jorge. Foi um golpe sujo, mas fatal...
Agora ela podia começar seu plano de posse. Rebeca abraçou Jorge e disse fingindo tristeza:
– Meu amor, não se desespere. Como pôde isso acontecer?
– Não sei, ela não suportou minha ausência... – respondeu em prantos.
Jorge ficou de luto por uma semana. Tomado por uma depressão inicial, devido à consciência culposa, ele já não conseguia se concentrar em seu exercício profissional.
Cada dia trabalhava menos...
Seus amigos e clientes de boas posses já se afastavam...
Dois anos após o falecimento de Clara, Jorge, enfraquecido, casa-se com Rebeca.
Agora, Rebeca, inserida na alta sociedade carioca, começaria a dar seus golpes finais.
Jorge não agüentava o remorso que carregava consigo. Aquele peso era deveras penoso, e sua depressão foi se avançando com grande velocidade.

Após três anos do falecimento de Clara, Jorge já não tinha mais clientes e fechou seu consultório. Viveria da fortuna herdada de seus pais e do que havia produzido até então...
Rebeca, por sua vez, não se cansava em pedir jóias e adereços caros para Jorge, que atendia sem pestanejar.
Jorge bebia diariamente em excesso.
– Ah ha ha ha ha! Vamos, idiota, beba. Estou sedento – soprava o Kiumba obsessor de Jorge.
Do lado espiritual, era possível observar os fios cada vez mais fortalecidos que ligavam o Kiumba a Jorge. Mas não era somente um ser das Trevas que se alimentava do negativismo de Jorge, muitos eram os obsessores.
– Pai Preto, Jorge não reage. Permite-se a esta obsessão e se entrega à depressão psíquica dia a dia... – lamentou Flor-de-liz.
– Pois é, irmã, estes espíritos se fortalecem cada vez mais com a entrega de Jorge; quanto à depressão causada pelo remorso que Jorge tem alimentado, podemos dizer que é a Lei Suprema sendo aplicada. Observe, irmã, Deus, nosso Pai Amoroso e Generoso, não castiga ninguém, nem se vinga ou envia seus filhos para o "inferno".
"Deus, ao nos criar em sua semelhança, dotou seus filhos de percepção e Instinto Natural, o que não se pode confundir com instinto de sobrevivência. Esse Instinto Natural é a plena noção que todos têm de saber dircenir entre o certo e o errado, ou melhor, de saber os limites individuais. O Instinto Natural fica em nosso emocional e está arquivado no inconsciente mental dos seres. Por isso, uns têm mais percepção do que outros. Nosso dever é sempre ir ao encontro desse Instinto, que nos tornará plenos em comunhão com o Pai e a Espiritualidade.
"Quando nós ultrapassamos os limites individuais, automaticamente agredimos o limite do outro, quer seja de um irmão quer seja da Natureza. Agredir o limite alheio é o que chamamos de "pecado".
"Ao se cometer um "pecado", automaticamente nosso Instinto Natural é ativado e começa a trabalhar nosso corpo emocional. É por meio dele que os seres se regeneram. Mas essa regeneração também é individual, ou seja, cada ser leva um tempo indeterminado para se conscientizar dos erros. Conscientizar-se não é o suficiente, é necessário ainda trabalhar em favor da reforma íntima que levou ao erro e amenizar a dor ou os sofrimentos causados ao alvo do erro.

"O Instinto Natural tem mostrado a Jorge a infração cometida. Jorge não tem noção das coisas espirituais nesta encarnação, mas seu íntimo já traz longas experiências sobre elas. Tudo está em seu inconsciente. O Instinto Natural e os conhecimentos adormecidos o levam ao julgamento de seus atos e à autopunição. É importante saber que esse processo o leva à depressão psíquica e não à depressão provocada por obsessão espiritual.

"Então, irmã, veja como Deus é perfeito e maravilhoso. Ele preparou cada um de seus filhos com seu Juiz e Executor. Somos nós mesmos que nos julgamos e nos penalizamos, e não Deus, pois Deus é Amor Supremo.

"E dependendo do resultado desse julgamento íntimo é que somos encaminhados às zonas trevosas ou luminosas.

"O Instinto Natural não recebe influências de concepções pessoais, pois ele é um Dom Supremo e Divino, que é ativado por uma força Divina e é completo em si mesmo.

"Caso contrário todos se julgariam perfeitos e angelicais, não é, irmã?"

– Sim, Pai Preto – balbuciou Flor-de-liz imersa aos conhecimentos transmitidos por Pai Preto.

Pai Preto, percebendo a surpresa de Flor-de-liz pelas explicações, disparou:

– Então, irmã, viu como não podemos interferir na rota de ninguém? Se privarmos Jorge desse processo, estaremos agredindo o limite dele e amanhã nós seremos os punidos.

Nós somos juízes de nós mesmos. Devemos ter cautela com nossas atitudes; do mais, Deus nos encaminha.

– Mas, Pai Preto, tenho observado o corpo espiritual de Jorge, que tem ficado cada vez mais escuro, e muitas chagas têm sido abertas – disse Flor-de-liz choramingando.

– Eu sei, irmã, isso é reflexo dos atos entorpecentes de Jorge, e muito contribui para isso, como os pensamentos e atitudes negativos dele. Entenderá melhor esse processo com o tempo, irmã – finalizou Pai Preto.

– Devemos permanecer omissos, Pai Preto? – indagou Flor-de-liz.

– Por enquanto sim. Em breve agiremos. Permaneça ao lado de Jorge. Tenho que realizar algumas tarefas no Templo da Fé e do Amor Divino. Me comunique sobre qualquer novidade.

E Pai Preto sumiu da frente de Flor-de-liz como uma fumaça. Flor-de-liz teria grandes surpresas...

Já não se passava um dia sem que Jorge não se embriagasse.

Seu corpo perecia diariamente. Fortes dores no corpo o incomodavam. Periodicamente vomitava coágulos de sangue.

Jorge, como um homem da medicina, sabia do que se tratava. A bebida estava acabando com ele, mas ele não tinha forças para lutar contra a vontade de beber.

Sua fortuna estava chegando ao fim, e não sabia o que fazer para mudar esta situação. Rebeca já não lhe trata como antes, não lhe agrada mais e só lhe é amorosa quando quer algo. Ela continua a dar prazer a ele por barganha de algo.

E assim Jorge foi levando o resto de sobrevida que lhe faltava...

Flor-de-liz passou a observar Rebeca. Sentia alguns presságios.

– Vamos, é hora de você acabar com o desgraçado. Ele já não presta para mais nada, e você já tem tudo dele. Ah ha ha ha ha! – disse gargalhando o Kiumba de Jorge para Rebeca.

Ele estava comandando Rebeca já por algum tempo.

Flor-de-liz assustou-se ao observar a cena. O Kiumba envolvia Rebeca e quase tomava conta dela por completo.

Mentalizou Pai Preto e pediu ajuda. Enquanto aguardava resposta, foi ao encontro do Kiumba sem se mostrar a ele e irradiou luzes vermelhas de sua mão. Ela tentava bloquear os fios que ligavam ele a Rebeca.

Concentrada neste objetivo, ao olhar para o lado, percebeu a chegada de Pai Preto.

– Salve, Pai Preto. Desculpe-me por te perturbar, mas...

Flor-de-liz foi interrompida por Pai Preto:

– Eu sei, irmã. As Trevas já estão tomando conta de Rebeca, e o fim de Jorge se aproxima. Do que teme? – perguntou Pai Preto em um tom reprovador.

– Eu... eu..., bem, penso que ninguém tem o direito de tirar a vida de ninguém... – respondeu Flor-de-liz envergonhada.

– Sim, querida, ninguém possui o direito, mas lembra do que eu disse? Cada um é juiz de si mesmo, podemos dizer, cada um semeia o que colhe, e ninguém faz nada sem a supervisão do Pai. Se este Kiumba induzir Rebeca a essa ação, então responderão pelo

ato. E Deus permitirá que isso ocorra se necessário for. Todos estão envolvidos em um só caminho. Aliás, este espírito trevoso que tem provocado tantos males traz consigo uma vingança para com Jorge – falou Pai Preto de forma carinhosa.
– O senhor quer dizer que eu não posso agir?
– Quase isso. Digo que não deve invocar a energia de Ogum agora, como acabou de fazer. Mas tem algo que podemos fazer.
– O quê? – perguntou Flor-de-liz empolgada.
– Qual força você manipula irmã?
– Sou iniciante de Oxóssi, Oxum e Ogum.
– Então vamos a um lugar. Jorge está no seu botequim de costume. Ali perto temos uma Iálorixá, mão de Ifá, ela nos auxiliará.

Pai Preto e Flor-de-liz saíram da casa e se dirigiram à vila. Como Flor-de-liz não possuía a capacidade de se volatilizar, Pai Preto a segurou pelas mãos, e em um piscar de olhos estavam em uma casinha simples. Nas paredes havia colares de sementes e grãos pendurados. Um forte cheiro de ervas queimadas pairava no ar. Flor-de-liz, surpresa, sentia-se bem no ambiente.

No cômodo seguinte, uma senhora negra estava toda vestida de branco, com um turbante amarelo e verde sobre a cabeça, e seu pescoço encoberto de colares. Ela jogava búzios em uma espécie de peneira feita de palha.

Flor-de-liz pôde observar o trânsito de espíritos que iam e vinham com as pessoas que entravam e saíam do casebre. Somente as velas iluminavam o lugar.

– Onde estamos, Pai Preto? – indagou Flor-de-liz.
– Esta amiga é o que chamamos de Iálorixá, mão de Ifá. Assim é usada a terminologia no culto aos nossos ancestrais – respondeu Pai Preto.
– Entendo, mas o que tem de ligação com Jorge?
– Bem, eu vou até Jorge. Você fique aqui e comece a invocar as forças de Oxóssi e Oxum.

Ao chegar próximo de Jorge, foi necessário Pai Preto acender novamente seu incensário. Quando a fumaça começou a tomar conta do ar, os obsessores saíram correndo do ambiente. Próximo de Jorge, Pai Preto induziu:

– Vamos embora. Por hoje é só. Mas vamos pela rua de trás.

Jorge levantou-se e seguiu pela rua. Foi pelo caminho indicado. Sentiu o cheiro de folhas queimadas, que lhe pareceu familiar e confortável. Procurou saber de onde vinha o aroma. Foi quando se

deparou com um casebre. Sentiu um arrepio por todo o corpo e assustou-se.
— Vamos entrar. Não parece ser ruim – induziu Pai Preto.
Tomado de coragem, Jorge entrou no casebre. Assustou-se quando viu a negra sentada no chão, que logo disparou:
— Que bom que você veio, dr. Jorge.
— Quem é você? Não te conheço! – esbravejou Jorge.
— Isso não importa, doutor. O que deseja?
— Eu... eu estava passando aqui em frente e senti este cheiro. Curiosidade... – respondeu Jorge envergonhado.
— Sente-se, senhor. Vou jogar os búzios para você.
— Jogar o quê?
— O Oráculo.
— Não precisa, dona. Não creio nestas besteiras.
— Permita-me.
— Tudo bem. Vamos ver o que ocorre – satirizou Jorge.

Do lado espiritual, Flor-de-liz já havia invocado os fluídos de Oxóssi e Oxum, e Pai Preto invocou um companheiro, Senhor Ogum Iara.

Falariam com Jorge pelos búzios. Todos imantaram os búzios e a negra. Quando os búzios caíram, a negra assustou-se e mal pôde disfarçar.
— O que foi, senhora? – disse Jorge rindo.
— Ogum fala que a morte te ronda, e Oxóssi grita que a traição está dormindo com você – falou a negra.

Jorge disparou a rir e disse:
— Viu, senhora, como é mentira? Sou casado com uma bela esposa e não tenho do que reclamar.

Nesse momento, o corpo da negra sacudiu. Jorge pulou para trás assustado. Pensou em sair correndo, mas suas pernas não obedeciam.
— É preciso que você não esqueça, amigo: Olorum está do seu lado. No desespero, é a ele que deves recorrer, e a ajuda virá – falou a negra com uma voz rouca e masculina, seu rosto desfigurado, e novamente sacudiu-se.

Jorge sentiu o controle das pernas novamente.
— Desculpe, doutor. Ogum quis falar.
— Tudo bem, senhora. Acho que você deveria procurar um médico. Tenho bons amigos na área em que você se enquadra. Cuidado. Procure rápido antes que seu caso piore. Tenha uma boa noite.

– Boa noite, doutor.
E Jorge saiu rapidamente do casebre.
Os espíritos abraçaram a negra e se retiraram.
– Pai Preto, Jorge não entendeu o recado – disse Flor-de-liz desesperada.
– Não se preocupe, amiga. Seu protegido entenderá no momento oportuno – respondeu Ogum Iara.
– Obrigado, irmão de jornada, por atender meu chamado. Louvarei ao Templo da Lei Divina pela sua ajuda – agradeceu Pai Preto.
– Sempre que precisarem é só chamar, amigos. Salve.
– Salve, irmão.
E Ogum Iara seguiu seu caminho.
– Como assim? No momento oportuno? – indagou Flor-de-liz.
– Após os acontecimentos inevitáveis, Jorge se lembrará do ocorrido e pedirá ajuda aos céus. Pelo menos, é o que se espera – disse Pai Preto sorrindo.
– Agora vamos acompanhar Jorge. Há muito que acontecer hoje.
Rebeca continuava arquitetando o que fazer com Jorge.
– Vamos, sua vagabunda. Acabe com aquele desgraçado, mate-o! – esbravejou o Kiumba.
Essas induções eram absorvidas por Rebeca como pensamento próprio, e o Kiumba lhe irradiava fluidos de coragem.
"Vou envenená-lo", pensou Rebeca.
Imersa nesses pensamentos, ela se assustou quando Jorge entrou no quarto. Sentiu nojo dele e saiu.
Preparou um drinque com o veneno e voltou-se para o quarto.
– Querido, preparei este drinque para nós. Faz tempo que não bebemos juntos.
– Por que não me avisou? Bebi até agora.
– Ora, só este drinque.
– Tudo bem.
Em um só gole, Jorge virou o copo.
– Querido, deite-se. Quero fazer uma massagem em você.
– Ótimo, querida. Faz tempo que não faz uma massagem em mim.
Em questão de poucos minutos, Jorge não seria mais do plano terrestre.

Do lado espiritual, os Kiumbas brindavam a conquista. O chefe deles estava irradiante de ódio e queria Jorge ao lado dele a todo custo.

Em poucos minutos, Jorge se contorceu e urrou de dor:
– Aaaaaaaahhhhhhhhhh, que dor!
– O que foi, querido? – disse Rebeca rindo. – Está doendo? Vai passar.

Aquelas palavras arrasaram Jorge, que já não tinha mais força. Foi quando, como uma bomba, as seguintes palavras soaram em sua mente:

"...A morte te ronda... a traição está dormindo com você..."

De seu rosto saiu uma lágrima com o último suspiro. Uma única lágrima, que apresentava toda a dor e todo o remorso que aquele homem trazia junto de si. A insatisfação e a sensação de impotência diante das armadilhas da vida na Terra. Podia ter sido um grande homem. Teve uma grande mulher e dois lindos filhos, os quais trocou por uma aventura sexual, por um prazer desprezível. Não foi capaz de perceber a tocaia que há alguns anos armaram para ele. Da ascensão à queda. A sensação de fracasso, de uma vida jogada fora e de incompetência foram os últimos sentimentos de dr. Jorge Della Ponte, filho de imigrantes italianos, que vieram conquistar a América no Brasil. Esta missão fracassou com Jorge. Este foi assassinado sete anos após o suicídio de sua querida esposa. Mais precisamente, desencarnou no ano de 1876, no Rio de Janeiro, no sítio Della Ponte. Todos esses fatos foram desencadeados por pequenos "excessos", "coisas de homem" feitas há alguns anos...

Seria o fim... Ou o início?

Capítulo IV

O Reflexo

Não acredite naquilo que querem que acredite, apenas ouça seu coração...
Sr. T. R. 7. E.

– Pai Preto, por que Jorge está inconsciente? – indagou Flor-de-liz.

– Irmã, Jorge está em coma psico-espiritual. Funciona como uma espécie de estado de coma na Terra. Mas esse estado de Jorge é induzido por ele mesmo. Ele tenta fugir da realidade mostrada a ele no momento de seu envenenamento.

"Isso é muito comum com os espíritos que desencarnam com grande sentimento de culpa ou até mesmo por efeito de doutrinas religiosas que negam a existência do espírito e da continuidade da vida pós-morte. É o caso das religiões que pregam o adormecimento da alma, ou seja, que acreditam que, após nosso falecimento material, o espírito dorme até o tal do Julgamento Final. Entende, irmã?"

– Sim... Sim... Entendo...

– Com Jorge, o processo de coma já vem ocorrendo desde o suicídio de Clara. A depressão psíquica que tomou conta de Jorge foi o início dessa indução, que o leva à tentativa de esquecer os erros e o remorso.

"Quando Jorge entendeu que estava morrendo, buscou acreditar no sono eterno, mas isso não demorará..."

– Compreendo, Pai Preto, mas... precisamos limpar o corpo de Jorge. O que seria este líquido viscoso e negro que não pára de brotar dos poros de Jorge?

– Irmã, observe estes fios que saem dos chakras de Jorge...

– Sim, estou vendo. Eles se perdem no espaço.
– Pois é, esses fios estão ligados àquele ser trevoso que acompanhou Jorge por todo este tempo.
Nesse instante, Jorge começou a ter convulsões e delírios. Gritava de dor e de desespero.
– O que ocorre, Pai Preto? – disse Flor-de-liz desesperada.
– Ocorre que Jorge se encontrou com seus temores. Aplique um passe energético, tente acalmá-lo.
Durante a transfusão de energia que Flor-de-liz aplicava em Jorge, ele começou a desaparecer lentamente...
– Pai Preto, estamos perdendo Jorge! – disse Flor-de-liz desesperada.
Pai Preto, transfigurado em tristeza, dirigiu-se até o leito de Jorge.
– Que Deus tenha piedade – rogou Pai Preto.
– Não podemos fazer nada, irmã. Jorge está ligado às Trevas, e seu tormento está começando. Chegou o momento de ele sanar seus débitos com o Pai e voltar para a Luz. Não podemos mantê-lo nessa esfera, a luz por ora lhe incomoda.
"Prepare-se. Teremos muito trabalho daqui por diante."
Flor-de-liz chorou a dor de Jorge enquanto este desaparecia aos seus olhos.
– Para onde ele vai, Pai Preto?
– Agora vai para a crosta terrestre... depois... bem... depois o destino o guiará.
Assim Jorge desapareceu por completo. Já não permanecia naquela esfera luminosa, no Centro de Recuperação Evoluir da colônia próxima à crosta terrestre.
Pai Preto se aproximou de Flor-de-liz e a envolveu em um abraço fraterno. Sabia que muito ainda ocorreria e que trabalho não faltaria nessa jornada de resgate de seu irmão Jorge.
– Irmã, vamos ao Templo da Sabedoria e da Lei Divina. Pediremos o conselho de nossos Mestres Superiores, eles terão a solução.
– Claro, Pai Preto. Vamos já! – disse Flor-de-liz alegre.

– O que está ocorrendo? Para onde querem me levar? – Jorge gritava desesperado.

A visão de seu corpo sendo carregado para a mesa da casa o desesperou. Como podia ele estar vendo seu corpo sendo velado? Avistou Rebeca e aproximou-se dela.

– Rebeca, querida, sou eu. Por que não fala comigo? – gritava Jorge desesperado.

Quando se lembrou de Rebeca se divertindo com sua morte, foi tomado por uma ira incontrolável e avançou contra ela.

– Sua vadia desgraçada, assassina, vou te matar.

Ao avançar contra ela, sentiu seu corpo transpassar o dela. Rebeca sentiu uma tontura que logo passou.

Jorge, assustado, acreditou que estava morto.

– Ah ha ha ha ha! Desgraçado, agora somos nós dois – vociferou o Kiumba com uma voz rouca e assustadora.

Quando Jorge escutou isso, sentiu seu corpo estremecer diante daquela voz e não teve coragem de se virar.

– Covarde, vire-se e olhe para seu algoz. Ah ha ha ha ha!

Jorge virou-se para o Kiumba e, tomado por um medo enlouquecedor, gritou:

– Não me machuque, por favor!

– Covarde desgraçado, cale-se... – ordenou o Kiumba. – Vou fazer você pagar pelo que fez comigo, seu feiticeiro maldito.

– Feiticeiro? Desculpe, senhor, mas... mas... sou médico!

– Maldito, cale-se. Veja minha forma horrenda.

O Kiumba tinha uma aparência infernal. Seu rosto era de um animal, como um bode, com chifres imensos e pontiagudos. Seu corpo era humano, mas coberto de pêlos de animal. Lembrava a imagem de um minotauro.

– Você é quem me aprisionou nesta prisão, desgraçado. Agora vou fazer você pagar pelo meu sofrimento.

– Se... Senhor, deve haver algum engano...

– Você é Sekour, o feiticeiro de Ísis que me aprisionou nisto. Procuro você há milênios. Agora você é meu escravo, desgraçado.

– Sou dr. Jorge Della Ponte...

Ao dizer isso, Jorge foi arrebatado por um golpe do Kiumba. Caiu com o rosto no chão, agora ensangüentado...

– Já disse, desgraçado. Cale-se ou acabarei com o que lhe restou.

Nesse instante, surgiram, brotando do solo, sete figuras encapuzadas e com uma foice na mão, conhecidas como os anjos da morte. Cercaram Jorge.

– Malditos! O que pensam que estão fazendo? – bravejou o Kiumba.

– Tumba Negra, você não tem o direito sobre este homem – falou o ser do meio.

– Tenho sim, malditos Exus da Morte – vociferou o Kiumba.

– Temos ordens expressas de levar este homem para nossa esfera. Acaba hoje seu processo de vingança, Tumba Negra.

– Mas nem comecei, desgraçados...

– Como não? Há anos acompanhas este homem. Por causa dessa vingança, causou muito sofrimento a muitos que não tinham nenhuma ligação com você. Deixe essa vingança, Tumba Negra, e siga seu destino.

– Como posso esquecer de me vingar, malditos? Este desgraçado me prendeu há milênios nesta prisão. Sou um animal repulsivo. Preciso me vingar.

– Tumba Negra, quem está preso é você mesmo. Se quiser, poderá se livrar dessa roupagem animalesca.

– Como, maldito?

– Quer mesmo se livrar disso?

– Claro, desgraçado, há milênios busco a solução deste mal.

– Concentre-se em sua imagem terrena.

O Exu da Morte que conduzia o diálogo com Tumba Negra levantou sua foice e invocou:

"Senhor da morte e da passagem;
Senhor Omulú Yê;
Senhor Obaluaiê;
Pai das transmutações;
Das passagens e das transmutações do Espírito;
Invoco seus poderes e sua misericórdia."

Nesse instante, a foice do Exu da Morte começou a brilhar e emanar uma luz que cegava os olhos. Em um movimento e golpe, destruiu aquela roupagem animalesca de Tumba Negra. Como cinzas, a roupagem foi se dissolvendo...

– Pronto, Tumba Negra. Olhe para si. Não é mais prisioneiro de si mesmo.

Tumba Negra olhou para suas mãos, que já não eram mais patas. Seu corpo era humano novamente. Comovido, atirou-se aos pés do Exu.

– Como posso lhe agradecer, Senhor da Morte e da Vida? Trouxeste vida para meu ser. Serei seu escravo daqui por diante – disparou Tumba Negra.

– Não quero nada de você, Sakesh, feiticeiro de Seth. Você deve perdoar este homem em seu coração e seguir seu destino. O antigo Egito já não existe mais, assim como suas divindades e credos. Tudo passa. É hora de você buscar redimir seus débitos perante o Criador, para que Ele tenha misericórdia de sua alma e o integre à Luz.

– Luz? Mas que Luz? Já não sei o que é isso! – lamentou Sakesh.

– Pois é. Siga estes que vieram buscá-lo. Serão seus executores e tutores. Confie, a Luz virá.

Sakesh virou para trás e avistou sete seres horrendos, cada um tinha a forma de um animal diferente. Desesperado, virou-se para o Exu.

– Senhor, não posso. Eles vão me destruir – suplicou Sakesh.

– Sakesh, seu destino o chama. O que pude fazer por você está feito. Agora precisamos levar este homem.

– Por favor, me ajude...!

Sakesh foi envolvido pelos seres e carregado para longe. Agora a Justiça seria aplicada.

Jorge estava perplexo com tudo que vira até então. Não compreendia nada do que ocorrera. Pensava em como sua vida era pacata e rotineira. Jamais imaginara o que acontecia além da carne e do plano físico.

– Vamos, homem, precisamos ir – falou o Exu da Morte.

– Se... Senhor,... ir para onde? – indagou Jorge, assustado e temeroso.

– Você será encaminhado para a esfera onde se encontra alguém que você precisa rever. A Lei do Criador será aplicada, e você terá que responder pelos seus atos.

Os sete Exus da Morte[1] cercaram Jorge e o adormeceram, para poder transportá-lo para a esfera de destino.

---

1. Esses Exus da Morte aos quais nos referimos são os Guardiões de Omolu, responsáveis pelo resgate de espíritos ligados ao ciclo evolutivo e à esfera de Omulú Yê. Esses Guardiões encaminham os espíritos aos seus executores e aplicadores da Lei Suprema.

Capítulo V

No Templo da Sabedoria e da Lei Divina

Mais do que te faço entender; te faço sentir...
Sr. T. R. 7 E.

Pai Preto e Flor-de-liz se dirigiram ao Grande Templo da Sabedoria e da Lei Divina. Sua edificação é de uma beleza estonteante. Possui um longo caminho por um bosque florido e verde, com lindas árvores, muitas inexistentes no plano material, que fazem deste cenário um dos departamentos mais belos desta colônia, apesar de cada edificação ter uma beleza própria, sendo impossível comparar uma a outra.

Lindos pássaros sobrevoavam o caminho trilhado por eles. Quando chegaram à porta principal, foram recebidos por um simpático guardião, que os saudou sem pedir "credenciais", pois Pai Preto é integrante e discípulo do templo. Ao adentrarem o saguão, foram recebidos pelo Grande Mestre da Luz Verde, senhor Liceu.

– Saudações, irmão Pai Preto!

– Salve, Mestre Liceu...Vim lhe apresentar uma querida irmã, Flor-de-liz.

– Salve, irmã. Seja bem-vinda ao Templo – saudou fraternalmente Mestre Liceu.

– Muito obrigada, Mestre!
– Por favor, não me chamem de mestre aqui... Em que posso ajudá-los?
– Irmão Liceu, Flor-de-liz precisa de sua orientação... – falou Pai Preto.
– Sim, já estava a espera de vocês... – surpreendeu Mestre Liceu.
– Já nos aguardava, Mestre? – assustou-se Flor-de-liz.
– Sim, irmã, o Mestre da Evolução e da Justiça, Senhor Victorio, seu mentor, procurou-me e pediu-me que lhe ajudasse com Jorge.
– Pois é, Liceu. Já não sei como proceder... – disse Flor-de-liz emocionada.
– Não tem por que se desesperar. Está tudo sob controle. Vou te explicar melhor o que ocorre – falou Mestre Liceu.
– Você criou uma forte ligação com Jorge há milênios, quando o acompanhou e participou da sua grande escalada evolucionista...
– Sim, isso eu sei...
– Então... nesse momento você se encontra em melhor condição luminosa que Jorge. Sua missão com ele é basicamente observá-lo e, quando possível, ajudá-lo...
– Disso também sei... mas é que nunca posso intervir por ele...
– Claro, irmã. Você já sabe sobre algumas Leis Divinas que regem os espíritos encarnados e que não podemos infringir. Não se preocupe, pois você está em um processo de estágio para desenvolver melhor suas aptidões e seus dons, já que chegará o momento em que terá que realizar grandes missões com os encarnados. Sobretudo, confie em Pai Preto, que é seu mentor e de Jorge. É ele quem está incumbido de atuar efetivamente nessa missão.
"Jorge errou muito em um passado não muito distante. Agrediu as Leis Divinas nos momentos em que era detentor de grande sabedoria sobre as "coisas" de Deus. Por isso foi preparada a ele uma encarnação em que teria uma vida distante das religiosidades e filosofias espiritualistas ou magísticas. Mas, em contrapeso, foi decidido que ele se encontraria com alguns desafetos antigos na forma de encarnado ou desencarnado, para que iniciasse o trabalho de retorno para as Esferas Iluminadas..."
– Esferas Iluminadas? – interrompeu Flor-de-liz.

– Sim. Esferas Iluminadas não é o mesmo que Esferas Luminosas, de onde se irradiam as luzes que serão absorvidas pelas Esferas Iluminadas... entende?
– Vou entender melhor... – disse Flor-de-liz sorrindo.
– Pois então, irmã... Jorge está passando por um momento de resgate dos débitos anteriores. Encontra-se em uma Esfera Cósmica onde serão absorvidos seus excessos e erros diante do Criador. Sofrerá a execução da Justiça e a aplicação da Lei. Realmente, este é um processo bastante dolorido para um espírito nas condições de Jorge. Mas é necessário. O Criador é imutável, assim como suas criações.

"No entanto, irmã, não lamente a dor de Jorge, mas aprenda com essas lições que estão sendo mostradas a você. Ninguém sofre sem ter que sofrer."

Emocionada, Flor-de-liz agradeceu ao Mestre Liceu, que, com poucas palavras, foi capaz de redirecioná-la. Ela estava encantada com o Templo e com o Mestre Liceu, o qual aparentava meia idade, vestia uma túnica sacerdotal que mesclava tons verde com vermelho e tinha pendurado em seu pescoço um colar cujo pingente tinha a forma de uma espada sobre uma flecha dentro de uma estrela de cinco pontas que irradiava luzes multicoloridas durante a conversa.

– Obrigado, irmão Liceu... – agradeceu Pai Preto.
– Agradecemos ao Criador, por permitir este nosso encontro, querido irmão. Do resto, cumpro com minhas obrigações – replicou Mestre Liceu.
– Louvado seja o Criador! – saudou Pai Preto.
– Louvado seja! – responderam Mestre Liceu e Flor-de-liz.

Continuaram conversando coisas sobre o Templo e as Divindades. Flor-de-liz sentia seu coração pulsar mais alegre, e seu espírito se enchia de vida.

Mestre Liceu apresentou à Flor-de-liz o Templo, suas dependências. Era maravilhoso para ela, que entendia como era grande o Criador ao se desdobrar de tantas formas para realizar e desenvolver o mistério do Universo, a Vida.

Capítulo VI

O Tormento

> *A Luz está onde você quer que esteja...*
> Sr. T. R. 7 E.

Jorge lentamente acorda de seu sono, sente o corpo dolorido, olha ao redor e mau enxerga onde está. Tudo é muito escuro. O chão úmido. Está deitado no chão. Percebe que está na calçada... As edificações têm aparência de abandonadas. Sente frio e medo, quando, de repente, escuta passos em sua direção. Tenta firmar a vista, mas não enxerga nada. É tudo muito escuro e sombrio. Quando os passos pararam, virou-se e enxergou um vulto...

Levantou-se e tentou andar. Sentia muitas dores no abdômen. Escorou-se na parede limbosa e andou. Caminhou por um tempo, entrou e saiu de ruas e travessas sem rumo. Não sabia para onde ir nem onde estava. Então escutou uma gritaria:

– Assassino! Covarde! Maldito!
– Covarde!
– Suicida!

Viu-se no meio de uma multidão de homens e mulheres que o xingavam e o acusavam.

A multidão batia nele, gritava e o arrastava. Pessoas com aparência horrenda, que lhe causavam pavor.

– Mas eu fui assassinado. Me envenenaram. Por que me acusam? – Jorge gritava desesperadamente.

Suas roupas estavam rasgadas e fétidas. Seu estado era bastante deplorável.

Jorge já não tinha mais noção de tempo, não sabia há quanto tempo estava ali e por que estava ali. Seu estado mental estava à beira da loucura, só pensava em Clara e Rebeca...

Foi quando, chorando desesperadamente e sem forças para caminhar, Jorge lembrou-se: "É preciso que você não esqueça, amigo: Olorum está do seu lado. No desespero, é a ele que deve recorrer, e a ajuda virá..."

"Mas quem é Olorum?", perguntou a si mesmo. "Mas se é para ajudar, vou rezar para esse Olorum..."

Ajoelhou-se e começou sua prece.

– Desgraçado! Por que está rezando? – vociferou um Kiumba. Jorge sentiu um frio percorrer seu corpo. Tomou coragem e abriu os olhos. Assustado com o ser com aparência de caveira que segurava uma vela nas mãos, perguntou:

– Quem é você?

– Sou seu sofrimento, assassino canalha – gritou o Kiumba.

– Não sei o que lhe fiz, senhor, mas me perdoe.

– Perdão? Ah ha ha ha ha! Perdão não existe aqui, seu covarde. Se você deve, precisa pagar.

– Mas eu lhe devo?

– Sim.

– O quê?

– Pare de perguntar, maldito. Vai pagar pela estadia que teve.

– Estadia? Mas onde estou?

– Não sabe onde está, seu suicida maldito?

– Não, senhor.

– Você está no Vale.

– Vale?

– Sim, o "Vale dos Otários". Ah ha ha ha ha!

– Todos que aqui estão são suicidas, seu canalha... – vociferou o Kiumba.

Jorge tomou vários golpes daquela caveira que se divertia com a dor e o sofrimento dele, mas manteve-se em silêncio.

– Maldito, não vai reagir?

Jorge não tinha forças e desmaiou.

– Desgraçado, nem para me divertir serve.

O Kiumba largou Jorge ali e foi embora.

– Jorge, acorde...
– Hã!?!
Uma forte dor de cabeça atormentava Jorge.
– Exu da Morte, você? – perguntou Jorge alegre.
– Sim, sou eu. Venho buscá-lo. Tem alguém que precisa ver.
A um leve sinal de cabeça do Exu, aproximaram dois iguais a ele, que traziam em seus braços uma mulher. Jorge não conseguia reconhecê-la de longe, mas, quando chegou perto, chorou.
– Clara! Meu amor!
Atirou-se sobre ela e foi interrompido por um dos Exus.
– Me deixe abraçá-la. O que estão fazendo com ela? Por que ela está desmaiada?
– Jorge, ela está assim por sua culpa.
– Minha culpa?
– Sim, ou já se esqueceu de que ela se suicidou por sua atitude?
– Claro que não me esqueci. Afinal, onde estamos?
– Estamos no Vale dos Suicidas. Esta esfera abriga espíritos que se suicidaram de fato e premeditado, como é o caso de Clara, e espíritos que contribuíram para o aceleramento da morte física, como é o seu caso.
– O meu caso? Mas fui assassinado!
– Jorge, não é o momento de explicações. Vai entender com o tempo. O fato é que Clara detém bom histórico de evolução, e foi solicitado o resgate dela. Já faz sete anos que ela vive no Vale e, como pode ver, já está esgotada.
– Ajude-a, por favor.
– Sim, mas ela suicidou-se e isso é muito grave...
– Por favor, levem-na daqui. Deixem que eu pague o preço dela – suplicou Jorge em prantos.
– Isso não é possível, Jorge. Ela está sendo resgatada por mérito próprio, mas estamos lhe mostrando o estado dela para que não sofra pensando ser inocente. Você continuará aqui por tempo indeterminado e pagará pelo seu suicídio passivo. Fumo, bebidas e sexo desvirtuado são fortes contribuintes para esse tipo de suicídio. Responderá também pela ausência de responsabilidade com Clara e seus filhos e por outros débitos que traz de milênios atrás.
– Me perdoem. Sou um verme maldito e mereço viver neste lugar horrendo, escuro e fétido pelo resto da minha eternidade...

Levem Clara e me deixem sozinho com meu castigo. Estou condenado a me arrastar pelo resto da eternidade.

– Jorge, pense no que está falando e não se esqueça de que existe um Criador de tudo e de todos – encerrou o Exu da Morte.

Os Exus saíram a cavalgar sobre um cavalo preto e levaram Clara. Jorge observava-os se distanciando, quando admirou-se com uma forte luz que engoliu os Exus. Mas, em um piscar de olhos, a escuridão voltou a reinar.

Desconsolado, Jorge começou a lembrar de sua vida, e como um filme, assistiu a tudo que viveu nesta última passagem pela Terra. E a única certeza que teve ao fim dessas lembranças foi de que havia errado muito, mas pensaria em como mudar essa situação.

Capítulo VII

No Templo da Regeneração

> *Use as lágrimas do próximo para regar o próprio coração...*
> Sr. T. R. 7 E.

— Pai Preto, ela já está melhorando!
— Pois é, Flor-de-liz, tudo se ajusta. Vamos conversar com Mestre Juvêncio. Ele vai nos retratar melhor a situação de Clara – sugeriu Pai Preto.
— Salve, Mestre Juvêncio. Como anda nossa irmã Clara?
— Salve, Pai Preto. Ela está bem. Acredito que a qualquer momento acorde. Vamos aplicar mais uma sessão de fluidos vitalizantes e veremos.

Nesse momento entrou no quarto um casal jovem e irradiante que trazia uma jarra de cristal com os fluidos mencionados por Mestre Juvêncio.

Vou abrir um parêntese para explicar esses fluidos:

No caso dos fluidos densos, os quais comentamos, são a combinação do prâna de elementos naturais, na maioria das vezes extraídos do plano material, com elementos astrais inexistentes na esfera terrena. Os mentores do Ritual de Umbanda Sagrada solicitam oferendas de elementos naturais, pois, dessa forma, absorvem o prâna contido nos elementos e o aplicam em diversas situações; o caso de Clara é um exemplo, mas normalmente as oferendas dos irmãos encarnados são usadas neles próprios. Fecho o parêntese, e vamos voltar para a história.

Começaram a aplicar o fluido no corpo de Clara. Aos poucos aquela pasta era absorvida pelo corpo. Em pouco tempo aconteceu o emocionante momento esperado: Clara abriu os olhos.

– Olá, Clara. Que belo sono, hein? – disse Mestre Juvêncio brincando.

Clara respondeu com um sorriso.

– Onde estou? – perguntou Clara.

– Irmã, você está em um hospital. O tormento e os maus tratos do Vale te levaram a um coma – respondeu Mestre Juvêncio.

– Não entendo, doutor. Lembro-me de ter tomado fortes calmantes e depois ter acordado em um lugar escuro e sujo, com pessoas desfiguradas me acusando de uma série de barbaridades... – disse Clara emocionada.

– Irmã, não vamos lembrar de fatos desagradáveis. Eu sei pelo que passou. O que importa é que está entre amigos e em um tratamento. Logo mais conversaremos, e entenderá o que ocorre. Meu nome é Juvêncio.

– Olá, Clara. Sou Pai Preto, e esta é Flor-de-liz.

– Olá.

– Agora descanse, Clara. Precisa repor as energias – ordenou Mestre Juvêncio.

– Tudo bem, Juvêncio. Mas creio que estou dormindo faz tempo – disse Clara sorrindo.

Todos riram com o bom humor de Clara, que demonstrava tranqüilidade e surpreendia a todos.

~~∞∞∞~~

Uma semana depois, Clara já recebia alta e estava ótima.

– Bom dia, irmã!

– Bom dia, Pai Preto! Onde está Flor-de-liz?

– Está no Colégio Evolução da Vida Divina, esperando por você.

– Por mim?

– Sim, chegou o momento de você receber algumas revelações.

– Mais revelações? Bem, acho que mais surpresa do que estar desencarnada e de que existe vida após a morte não ficarei – disse sorrindo.

– Acho que não, irmã – disse Pai Preto sorrindo.

Quando saíram de dentro do Templo da Regeneração, que nada mais é do que um hospital, Clara encantou-se com a beleza do lugar.
– Pai Preto, que lugar é este?
– Esta é uma das colônias de Aruanda, uma das milhares de cidades espirituais que existem no Universo.
– Mas nenhum lugar deve ser mais lindo que este!
– Não dá para comparar. Cada lugar tem sua beleza própria que a difere de todos os outros.
– Acho que não vou querer sair daqui nunca mais.
– Entendo, irmã.
E assim, caminharam até o Colégio Evolução da Vida Divina.
– Veja, Clara. O Colégio é logo ali – disse Pai Preto apontando para uma imensa edificação luminosa.
– Pai Preto, que lugar lindo! Nunca imaginei que pudessem existir construções como essas. É impossível descrever tamanha beleza.
– Concordo, irmã. Aruanda é abençoada.
Quando se aproximaram do portão, este abriu-se automaticamente. Conforme adentravam o Colégio, Clara se emocionava.
No saguão principal, encontraram Flor-de-liz e Mestre Patrício.
– Salve, Flor-de-liz e Mestre Patrício! – saudou Pai Preto.
– Salve! – responderam.
Após as apresentações, seguiram até uma sala reservada. Ela era pintada de lilás e continha várias almofadas no chão e um imenso telão na parede. Clara foi posicionada sentada no centro da sala, e Mestre Patrício na frente dela. Flor-de-liz e Pai Preto ficaram no fundo da sala a observar.
– Muito bem, Clara. Como se sente?
– Sinto-me ótima, Mestre Patrício.
– Bom, irmã, vamos ver um pouco de suas experiências passadas que estão adormecidas no seu mental e depois conversamos. Agora relaxe e concentre-se na tela.
Mestre Patrício colocou sua mão direita sobre o chakra frontal de Clara e começou a cantar um mantra de ativação. Após alguns minutos, a tela começou a transmitir as imagens...
Clara viu que o ponto crucial de ligação com Jorge foi há milênios, em uma passagem pelo Egito Antigo. Ela era a sacerdotisa Lamesh. Estavam ligados a muitas mortes, muitos sofrimentos e traição. Mas, ao contrário de Jorge, Clara trabalhou em prol da

evolução, praticou diversas caridades e beneficiou muitas pessoas. Jorge, ainda em vidas sucessivas, praticou a magia e ativou os mistérios negativos do universo em prol do egoísmo e da maldade, mas foi um grande iniciado nos mistérios Divinos. Teve suas proezas e praticou o bem também, mas como na balança da Justiça Divina tudo é cobrado e nada passa despercebido, Jorge sofreu a grande queda, enquanto Clara conseguiu a ascensão.

Mestre Patrício começou a irradiar uma luz violeta sobre a coroa de Clara.

– Como se sente, irmã?
– Me sinto antiga – disse Clara sorrindo.

Todos na sala riram com o humor dela.

– Mas agora me recordo de muitas coisas e vejo que não fui vítima, mas provoquei meu próprio destino.
– Exatamente, irmã. Deus, nosso Pai amoroso, jamais condena ou abandona um filho seu. Nós mesmos nos afastamos e nos condenamos. Deus é tão amoroso que preparou as milhares de esferas e planos espirituais para que, de acordo com os desígnios que escolhermos, estejamos de uma forma ou de outra amparados – completou Mestre Patrício.
– E agora, Mestre? Como vai ser?
– Bem, irmã, você está sob a regência de Nanã Buruquê e Senhor Omulú Yê, os quais receberão seus símbolos e os ativarão no seu ser. Não será nada de novo. Você já passou por esse processo, mas foi desativada...
– E?
– E depois receberá suas missões e campos de atuação.
– Quanto ao Jorge? Como será?
– Jorge está sendo acompanhado. Ficará por um tempo no Vale até que esgote seus débitos, depois será encaminhado à sua origem e reorganizado nos seus trabalhos de retorno à evolução.
– E isso demora?
– Não, a vida é eterna – disse Mestre Patrício rindo.
– Agora vamos, irmãos. Vamos para o Templo da Evolução e Vida Divina. Temos um encontro.

Assim, todos acompanharam Mestre Patrício.

Capítulo VIII

No Templo da Evolução e Vida Divina

Ao se aproximarem do Templo da Evolução e Vida Divina, Clara se emocionou com a beleza e o encanto do lugar. Ao topo do Templo, era possível enxergar uma esfera energética que recebia fachos de luzes multicoloridas, mas que direcionava sobre o Templo luzes lilases e azuis. No jardim, várias pessoas alegres cultivavam as plantações.

Clara não sabia, mas este seria um grande dia...

Quando adentraram o saguão principal, uma jovem senhora vinha ao encontro deles:

– Salve, senhores. Sejam bem-vindos ao Templo da Evolução e Vida Divina. Recebam o amor Divino no coração!

– Salve, irmã. Esta é Clara, nossa querida irmã que retorna à sua origem – falou Mestre Patrício.

– Olá, irmã. Como vai?

– Encantada – sorriu Clara.

– Clara, esta é nossa irmã, Mestra Lizaura – apresentou Mestre Patrício. – Ela irá te atender agora. Preciso retornar.

– Muito obrigada, irmão – agradeceu Clara.

– Pai Preto, até mais ver.

– Até, irmão.

– Flor-de-liz, até mais ver.

– Até, Mestre.

– Irmãos, acompanhem-me, por favor – pediu Mestra Lizaura.

Dirigiram-se a uma sala grande e muito iluminada. Havia um altar em forma de pirâmide com algumas velas acesas, cujas chamas eram lilases e jorravam luz para todo o ambiente. Na frente do altar, havia um enorme círculo com alguns símbolos grafados no chão.

– Clara, querida, por favor, dirija-se ao centro desse círculo – pediu Mestra Lizaura.

Assim fez Clara.

– Agora, ajoelhe-se e concentre-se nesse altar. Não pense em nada.

Mestra Lizaura iniciou um mantra relaxante, e de repente o ambiente começou a escurecer.

Alguns minutos passados, as chamas das velas começaram a irradiar luzes lilases em direção a Clara, que nesse momento parecia estar em transe.

Os símbolos grafados no chão começaram a irradiar luzes que se encontravam perto dela. Magnificamente essas luzes foram tomando forma, até que se materializou na frente de Clara sua Mãe Nanã Buruquê.[2]

Mestra Lizaura aumentou a tonalidade do mantra, e Clara acordou.

"Filha minha, Luz da minha Luz, recebo-te novamente em meus braços.

Foste consagrada, iniciada e assentada sob meu Trono e minha irradiação, és falangeira de minha atuação;

Caminhas sob os campos da Evolução e da Vida;

Semeaste luz;

Colheste Vida;

Por onde passar, terás minha Força;

A ti lhe concedo o Dom de transformar os seres endurecidos e esquecidos nas trevas da evolução;

Terás o poder de dar chance para os mortos do espírito viverem novamente;

Neste momento a reintegro à sua hierarquia;

Faça a Vida brotar nos corações mortos;

A Evolução retornar aos espíritos caídos;

---

2. Quando citada a manifestação de Mãe Nanã Buruquê, é importante que fique entendido ser a manifestação de uma Orixá Intermediária da hierarquia.

Salve as Irradiações Divinas;
Salve Obaluaiê, Omalu e Iemanjá;
Salve Nanã Buruquê."
Nanã levantou seu cajado ao alto. Da pedra na ponta do cajado começou a irradiar luzes sobre Clara. Seu corpo foi tomado por uma luz intensa que ninguém suportou olhar.
– Agora, filha, siga teu Destino e saiba para onde deve retornar quando preciso.
Lentamente Nanã desapareceu.
Clara não conseguia parar de chorar, tamanha era a alegria em seu coração.
Estava coberta com um lindo manto lilás, com símbolos diversos grafados, e na mão levava um cetro que vibrava cores diversas.
Os símbolos no chão pararam de irradiar luzes, e as velas voltaram ao normal. A sala estava como antes, porém um forte sentimento de vida e gratidão inundava o coração de todos.
– Clara, saia do círculo – disse Mestra Lizaura.
– Agora, irmã, você recebe o título de Mestra. Terá caminho livre neste Templo e receberá informações sobre onde deverá atuar.
– Mestra, eu estou pronta para iniciar.
– Ótimo, você será dirigida para seus aposentos, e amanhã iniciaremos.
– Mestra, antes quero resgatar Jorge.
– Chegará o momento.
– Mestra Clara ficará aqui por alguns tempos até que esteja completamente preparada, enquanto isso eu e Flor-de-liz cuidaremos de Jorge – disse Pai Preto.
– Agora vamos retornar para o nosso Templo, temos muito o que fazer. Agora é com você Mestra Clara.
– Ora, Pai Preto, não me chame de Mestra. Sinto-me desconfortável.
– Irá se acostumar – disse Pai Preto sorrindo.
Despediram-se todos, e Pai Preto e Flor-de-liz partiram de volta ao Templo.

Capítulo IX

Preparando o Socorro

– Flor-de-liz, recebemos a permissão para o resgate de Jorge. Vamos ao Templo da Lei Divina.[3] Precisaremos de alguns amigos – disse Pai Preto.
– Quanta emoção me traz essa notícia. Já não era sem tempo.
– Irmã, prepare-se. Pegue seu colar magístico[4] para que esteja amparada.

Pai Preto estava paramentado com seu incensário, ervas e alguns colares no pescoço.

Flor-de-liz e Pai Preto dirigiram-se ao Templo da Lei Divina. Ao adentrarem a colônia, era possível avistar ao lado direito vários pátios com milhares de espíritos em formação, lembrando os militares da Terra, mas jamais nenhum contingente militar reuniu tantos "combatentes". Nessa colônia, são inseridos espíritos que atuam na aplicação da Ordem Divina e que ingressam em estudos profundos na manipulação de energias ectoplasmáticas e nas ativações magísticas diversas. São conhecidos no plano astral como a "tropa de choque" na quebra de magias negativas e no resgate de espíritos caídos.

As edificações dessa colônia se destacam pela beleza marcial; portões e esculturas lembram o metal na Terra.

– Salve, Pai Preto!
– Salve, Mestre Sheyur!

---

3. Templo da Lei Divina: na Umbanda praticada no plano terrestre, essa colônia recebe o nome de Humaitá.
4. Colar magístico: é o mesmo que as "guias" usadas pelos médiuns na Umbanda.

– Apresento-lhe nossa irmã Flor-de-liz.
– Como vai, irmã?
– Vou bem, Mestre.
Todos se abraçaram. Mestre Sheyur e Pai Preto eram conhecidos de longa data, pois participaram de algumas encarnações juntos.
– Mestre, preciso de seu auxílio. Vamos resgatar um irmão que se encontra no Vale, sob o domínio de entes malignos – disse Pai Preto.
– Irmão, esta missão não é das mais tranqüilas. Não vou pessoalmente auxiliá-lo, pois tenho muitas obrigações por aqui. Mas vamos convidar os mais experientes. Venham comigo.
Dirigiram-se ao exterior do Templo. Uma longa escadaria dava acesso aos pátios de formação.
Mestre Sheyur aproximou-se de uma formação e chamou o "comandante".
– Megê Lyr, salve.
– Salve, Mestre.
Após as apresentações de costume, Sheyur prosseguiu.
– Lyr, temos a missão de resgatar um irmão que se encontra no Vale, porém ele está sob a custódia de um dos seres trevosos. Preciso que você auxilie Pai Preto imediatamente.
– Sem problemas, Sheyur.
Lyr virou-se para a formação e dispensou uma prece ao Criador.
– Pai Preto, agora é com Lyr. Ele conduzirá vocês até nosso irmão. Fiquem com as bençãos do Criador e o amparo de Pai Ogum – despediu-se Mestre Sheyur.
– Pronto, Pai Preto. Vamos até o Campo de Iniciação à Luz. Precisaremos de alguns Guardiões. Eles estão habituados com os campos trevosos.

~~~∞∞∞~~~

Caminhamos até uma nova edificação, ainda dentro da mesma colônia, porém, em particular, esta edificação não irradiava luz, e somente no centro do seu teto era possível visualizar um facho luminoso que entrava no recinto. Sua arquitetura não é muito diferente das ordens iniciáticas do plano terrestre. Lembrava as Lojas Maçônicas mais antigas. As paredes eram cobertas de símbolos sagrados. Percorremos por um longo corredor até que entramos em um grande auditório.

De todos os seres ali presentes, somente o instrutor vibrava luz. Tratavam-se de espíritos que servem a Luz nas Trevas, conhecidos no plano terrestre como Guardiões ou Exus de Lei.

Quando acabou a instrução, fomos ao encontro do instrutor.

– Salve, Irmão Florêncio! – saudou Lyr.

– Salve, Megê Lyr. Surpreso em vê-lo!

– Pois é, irmão. Precisamos que indique três Guardiões para irem até o Vale resgatar um irmão.

– Somente três? É o suficiente Lyr?

– Sim, iremos com mais irmãos da Luz.

– Temo, pois você sabe como aquela região é perigosa e suja.

– Fique tranqüilo, irmão.

– Tudo bem, aguarde um momento.

Florêncio dirigiu-se até alguns alunos e voltou acompanhado de um.

– Lyr, este é um iniciado das Sete Encruzilhadas. Ele vai te levar até seu dirigente.

– Obrigado, Florêncio. Fique com as bênçãos do Pai Ogum.

– Louvado seja o Criador – saudou Florêncio.

– Agora venham, irmãos. Flor-de-liz não aprendeu a volatilizar, não é? – perguntou Florêncio.

– Exato, irmão – respondeu Flor-de-liz.

– Me acompanhem.

Entramos em uma sala com uma iluminação mais baixa. Florêncio começou a riscar uma mandala[5] no centro da sala; quando terminou, iniciou um mantra, e aos poucos cada símbolo começava a emitir luzes multicoloridas, até que se formou uma esfera luminosa.

– Irmãos, entrem na mandala. Ela irá direcioná-los até a colônia das Sete Encruzilhadas nas Trevas.

Despedimo-nos e entramos na mandala. Em segundos estávamos em uma outra dimensão.

---

5. Nota de Pai Preto: é importante ressaltar a força da mandala. Neste caso específico, Florêncio ativou um portal para onde nos dirigíamos. Por isso, no plano físico não é aconselhável a manipulação de "pontos riscados" sem forma ordenada e sem conhecimento. As mandalas sempre são ativadores energéticos que nos ligam a outras dimensões. Muito cuidado, irmãos: só estão preparados para riscar os "pontos" os guias espirituais e os médiuns iniciados nos campos da escrita sagrada. O Megê Lyr é um espírito que se manifesta como Ogum Megê, já Mestre Sheyur é um Ogum de Lei.

Capítulo X

Sofrimento sem Fim

> *Se vocês, humanos, sofrem, imagine o Criador, que criou este bando que se vira contra Ele!...*
> Sr. T. R. 7 E.

"Como alguém pode acreditar em um Deus se, diante de tanto sofrimento, não há mais esperança de melhoras nesta podridão de vida em que me encontro...?", pensava Jorge recostado em um tronco de árvore morta e retorcida à beira de um córrego de água vermelha que exalava um forte odor de sangue podre.

Jorge levantou-se com muita dificuldade. Tudo estava muito escuro e em pleno silêncio. Lentamente Jorge caminhou à beira do córrego e ajoelhou-se, quando foi tomado por um forte sentimento de solidão; chorava compulsivamente e pensava sobre o que fizera da sua vida, sobre como pôde trocar uma bela família por uma prostituta e ser tão ingênuo em acreditar no amor que ela simulava. Abandonou tudo – profissão, família, amigos – para mergulhar em sua própria sepultura.

– Que idiota eu fui! – sussurrou em desabafo.

Com muita sede, Jorge prendeu a respiração e bebeu aquela água de sangue podre. No terceiro gole, escutou um forte estalo de chicote atrás de si.

– Maldito escravo, o que faz aqui? Fugindo? Ah ha ha ha ha! – zombou aquele ente infernal.

Jorge, muito assustado, tentou se levantar para correr, mas foi açoitado pelo chicote. Sentiu sua carne rasgar. E mais duas chicotadas levou. Quando a última acertou seu rosto, sentiu o gosto de seu sangue e teve a sensação de que morreria pela segunda vez. Sem forças até para chorar, Jorge ficou deitado e esperou que se consumasse seu martírio.

O Kiumba e sua tropa avançaram em Jorge e tiraram sua roupa, os pequenos farrapos que lhe restavam, deixando-o nu e humilhado. Apanhou muito ainda e foi arrastado por aqueles seres infernais até uma caverna.

Jorge tentava desligar sua mente de tudo aquilo, mas mantinha-se muito consciente, porém sem forças.

Ao entrar naquela caverna, horrorizou-se ao ver aquele ambiente que cheirava a enxofre. No teto, muitos morcegos grandes o observavam. A iluminação era feita com tochas cravadas nas paredes de pedras. Os seres que ali estavam tinham formas de animais, entre eles répteis. Tudo muito assustador.

Foi arrastado até um trono onde havia a pior visão que ele poderia imaginar. Um ser imenso sentado em um trono. Ele tinha a forma de um morcego e os olhos vermelhos.

– Senhor, mais uma oferenda a vós! – disse o Kiumba.

– Reduza este verme em ovóide – disse o morcego com uma voz gutural tenebrosa.

Jorge não sabia o que significava tudo aquilo, mas sentiu muito medo.

Foi arrastado para uma espécie de porão com umas dezenas de outros escravos.

Os servos daquele ser gargalhavam e se divertiam com tudo aquilo.

Jorge tentava pensar em como se livrar da situação. Foi quando se lembrou do que disse a negra daquele casebre: "É preciso que você não esqueça, amigo: Olorum está do seu lado. No desespero, é a ele que deve recorrer, e a ajuda virá."

"Como devo proceder...?", pensou Jorge.

Fechou os olhos e começou a orar em silêncio. Então, foi tomado por um choro silencioso e dolorido.

Capítulo XI

Sete Encruzilhadas

Desembocamos em outra esfera, em uma colônia já mais densa e sem muita luz. O ambiente é uma penumbra, porém tudo é muito arrumado e limpo. O jardim tem flores roxas, vermelhas e pretas.
– Estamos no Templo Iniciático das Sete Encruzilhadas – explicou o iniciado.
– Irmão, leve-nos até seu mestre, por favor – pediu Megê Lyr.
Caminhamos até a imensa porta que dava acesso ao Templo. Dos dois lados da porta havia dois homens, com um semblante de poucos amigos, que faziam a guarda do Templo.
Quando entramos no salão principal, fomos recebidos pelo Grande Mestre da colônia:
– Salve, senhores! – saudou o Mestre.
– Salve, Mestre – respondemos.
– Mestre, estes irmãos precisam de vós – falou o iniciado.
– Vocês estão em busca de Jorge Della Ponte? – perguntou o Mestre.
– Sim! – respondemos assustados.
– Jorge é um dos nossos iniciados de muito tempo atrás. Também estou preocupado com ele e agradeço à Luz por enviá-los, pois o quadro dele é complicado.
– O que ocorre, irmão? – perguntou Megê Lyr.
– Jorge já foi retirado do Vale e levado para uma esfera pior, onde está escravizado e sendo torturado por espíritos da pior ordem que possa imaginar. Sou um Exu das Sete Encruzilhadas Iniciador e tenho em Jorge um grande irmão, que muito me ajudou em um tempo distante – explicou o Exu.

– Irmão, então não podemos perder tempo. Onde está Jorge? – perguntou Flor-de-liz preocupada.
– Realmente, precisamos agir rápido ou teremos grandes problemas. Precisaremos de mais Exus para nos acompanhar. Aconselho que seus Oguns fiquem por aqui e guardem nosso portal, para retornarmos tranqüilos.
– Como quiser, irmão – disse Megê Lyr.
– Vamos até a Encruzilhada para prosseguir. Acompanhem-me – pediu o Exu.

Seguimos para fora do Templo e andamos um pouco em uma pequena trilha, quando chegamos na Encruzilhada Mágica.[6]

Era uma enorme formação de cruzamento de passagens, na qual milhares de raios coloridos chegavam e centenas de mandalas no chão estavam abertas, por onde chegavam e iam muitos espíritos. Eu já tinha ouvido falar sobre a Encruzilhada Mágica, mas pessoalmente é encantadora e difícil de retratar em palavras. Fiquei extasiado por alguns minutos, e então fui interrompido.

– Irmão, esta é a Encruzilhada Mágica nas Trevas. No entanto, no Meio e no Alto, também existe essa formação. A Encruzilhada Mágica é sustentada pelo Divino Trono das Sete Encruzilhadas, que está presente em toda a Criação Divina. Por meio dessa formação, temos como nos transportar para toda parte. Neste caso, em qualquer lugar das Trevas. Somente pela mandala do centro, onde está a maior concentração de raios, é que podemos ter contato com o Meio e com o Alto. Mas isso só é permitido para os Guardiões e Mestres das Trevas e da Luz. Se algum irmão que não está preparado para adentrar aquela mandala o fizer, poderá ser consumido e reduzido a ovóide e sofrerá as consequências implacáveis da Lei Maior e da Justiça Divina – explicou o Exu das Sete Encruzilhadas.

– Já houve algum caso desse, irmão? – indaguei.
– Que eu saiba, não. Aqui abrigamos espíritos preparados para assumirem suas funções com humildade e resignação – respondeu.

---

6. Encruzilhada Mágica: é um ponto de forças firmado no astral, no qual recebe as irradiações e a sustentação do Divino Trono das Sete Encruzilhadas. Isso significa que é o lugar onde todas as Divindades se encontram e se entrecruzam, formando assim uma Egrégora Divina sustentadora da dimensão local.

Fomos interrompidos por um ser em forma de caveira com um capuz e uma longa capa negra; nas costas, havia uma foice, e na cintura, uma bela espada. Estava montado em um lindo cavalo negro de olhos vermelhos flamejantes.
– Salve, Sete Encruzilhadas! – saudou o estranho.
– Salve, Morte.
– Acabou de chegar a ordem de resgate emergente daquele irmão, o Jorge Della Ponte. Vibrações de arrependimento e socorro foram enviadas para o Templo da Justiça e da Evolução Divina.
– Ótimas notícias, irmão. Estávamos nos preparando para ir ao encontro dele – alegrou-se Sete Encruzilhadas.
O Exu Sete Encruzilhadas voltou-se para nós e nos apresentou o Exu da Morte da Lei.
Em segundos, chegaram dezenas de Exus das Sete Encruzilhadas e Exus da Morte; em formação, posicionaram-se à nossa frente e aguardaram os comandos dos dois Guardiões.
Flor-de-liz estava ansiosa. Megê Lyr deu ordem à sua "tropa" para que fizessem guarda do portal por onde entraríamos. Selecionou sete Oguns para que fizessem a guarda do portal na dimensão que iríamos.
– Têm certeza de que vocês desejam ir? – perguntou Sete Encruzilhadas para nós.
– Eu vou, sim, irmão. Mas Flor-de-liz, aconselho que retorne ao Templo da Justiça e da Evolução Divina e prepare tudo para a chegada de Jorge – disse.
– Mas, Pai Preto, eu quero ir.
– Irmã, será um resgate difícil, e teremos que descer muito nossas vibrações. Temo que você caia e seja aprisionada; enfim, é melhor que fique.
– Tudo bem, mas estou muito ansiosa – respondeu com ar de tristeza.
– Em breve estaremos de volta.
Despedimo-nos e começamos a nos preparar.
– Podemos ir, irmão? – perguntei para o Sete Encruzilhadas.
– Aguarde um momento, irmão. Teremos mais companheiros conosco.
– Mas já não é o suficiente?
– Acredito que sim, mas para onde vamos existem seres preparados para combater a Luz. Não pense que será fácil neutralizá-los.

– Imagino, irmão.
– Veja. Chegou quem faltava.
– Salve, Tranca Ruas! – saudou Sete Encruzilhadas.
– Salve, Mano! E então? Chegou o grande momento? Ah!
– Chegou, Tranca Ruas. Vamos resgatar nosso irmão.
– Vejo que estamos bem acompanhados.
– Sim. E estes são Pai Preto e Megê Lyr – apresentou-nos.
– Salve, irmãos!
– Salve!

Totalizamos 77 espíritos em resgate de um único irmão: 33 Exus da Morte montados em seus cavalos, mais 33 Exus das Sete Encruzilhadas, sete Oguns Megê, eu, Megê Lyr, o Guardião das Sete Encruzilhadas e o Guardião da Morte da Lei. Fiquei imaginando o desespero daqueles entes infernais quando nos recebessem. Se houvesse alguma resistência, o massacre seria certo. Orei ao Criador para que nos amparasse e para que Sua Lei fosse imposta com rigor e ordem.

Dirigimo-nos a uma daquelas mandalas que parecia mais um buraco negro sem fundo; em volta dela, havia uma espécie de lama preta fétida. Quando me posicionei em cima dela, fui tragado com tamanha força, que me senti enjoado. Automaticamente minha vibração foi se densificando. Megê Lyr tomou a forma de caveira revestida com pele. Já os Exus pareciam aumentar de tamanho e força.

Capítulo XII

Portão do Inferno

Após nos volatilizarmos pela mandala, desembocamos em um vale fétido e putrificado. Havia corvos imensos sobrevoando o espaço, e o barulho da gritaria e dos gemidos era horrorizante. A alguns metros a nossa frente, tinha um imenso portão de ferro e de madeira que lembrava a Idade Média. Cravado no centro do portão, um imenso símbolo mágico invertido. Ao ver aquilo, senti um arrepio percorrer meu corpo. No topo do portão, várias caveiras e gárgulas faziam a ilustração daquele ambiente. Tudo muito escuro.

Dirigimo-nos ao portão e deparamo-nos com um ser que, na esfera terrena, só é possível ser descrito como um demônio com chifres e rabo segurando um imenso tridente.

Sete Encruzilhadas tomou a frente:
– Salve, Guardião!
– Salve – respondeu secamente o demônio.
– Precisamos falar com o Mestre deste inferno.
– Quem é você? – indagou o demônio.
– Diga que Exu das Sete Encruzilhadas está no portão.

O demônio bateu o tridente no chão, e logo apareceram outros seres horrendos. Ele falou algo que não conseguimos escutar, e outros voltaram.

Alguns minutos após, o imenso portão se abriu.
– Entrem, senhores – disse o demônio.

No interior, os gritos eram mais altos, e o cheiro de sangue mais predominante.

Fomos encaminhados para um imenso salão todo iluminado de tochas; no fundo, um trono e um imenso demônio impossível de

descrever. Sua imagem supera todas as figuras mitológicas que conhecemos na esfera terrena.
Mais uma vez, Sete Encruzilhadas se adiantou e iniciou o diálogo:
– Salve, senhor!
– Salve, Exu. O que o traz em meu Reino?
– Senhor, viemos resgatar um irmão que está aprisionado neste reino.
– Ah ha ha ha ha! O que te faz acreditar que posso lhe entregar um escravo? – zombou o demônio com sua voz assustadora.
– Estamos cumprindo os desígnios da Lei Divina.
– Lei Divina! Não me perturbe com esta conversa – esbravejou o demônio.
O ambiente começou a ficar mais denso, e o mau cheiro aumentou.
Percebi que teríamos problemas.
– Afinal, quem é o infeliz? – continuou o demônio.
– Seu nome é Jorge Della Ponte.
– Não conheço. Deve ser alguém desprezível. Siga meu escravo.
Seguimos o escravo e fomos levados para uma espécie de caverna.
– Exu, não teme uma emboscada?
– Sim, Pai Preto, este reino é clandestino e não é regido pela Lei Maior. Hoje vamos nos preocupar com Jorge – respondeu Sete Encruzilhadas.
Chegamos à frente de uma pedra que servia de porta para um outro salão. Aos poucos, ela foi se abrindo, e a visão daqueles seres enlouquecidos me perturbou. Reconheci Jorge bem encolhido no fundo daquele ambiente.
Senti uma forte vibração tomar conta do meu corpo e olhei para trás. Estávamos encurralados.

Capítulo XIII

O Choque da Luz e das Trevas

– Malditos espiões, agora é o fim de vocês – gritou um daqueles demônios.
Quando nos viramos, pensei que seria nosso fim de fato. Eles estavam em um número muito maior que nós.
– Muito bem, demônios. Querem nos destruir? – intimidou Sete Encruzilhadas.
– Conhecerão a espada afiada da Lei.
O clima foi ficando tenso e insustentável. Preparei-me com meu turíbulo quando Megê Lyr levantou sua espada e bradou:
– Ogum yê!
Houve um estrondo de trovão. A espada começou a emanar luzes coloridas tão intensas que cegavam aqueles pobres demônios.
Sete Encruzilhadas deu comando de ataque para seu exército, e começou o massacre. Empunhou seu tridente, e cada ser que teve o desprazer de sentir as pontas dele era reduzido a ovóide. Ele cravava o tridente no topo da cabeça daqueles seres, que, logo como mágica, eram reduzidos.
O chão começou a tremer, e mais demônios apareciam para o combate.
Corri para o buraco onde estava Jorge, muito assustado.
– Irmão Jorge Della Ponte, vamos. É o fim de seu tormento – disse.

– Na... Não...Você vai me castigar – disse assustado.
– Jorge, não tema. Viemos te buscar. Você está salvo.

Jorge ainda relutou, mas como não estava em condições de pensar, o adormeci. Quando coloquei em seu pescoço um colar mágico, brilhou no peito seu símbolo iniciático. Emocionei-me. Deus é maravilhoso: mais um irmão estava retornando à sua origem.

Entraram alguns Oguns e começaram a carregar os outros irmãos. Pedi perdão a Deus por eu não ter olhado em volta, mas não podia deixar Jorge escapar.

O barulho ensurdecedor dos gritos e dos trovões foi diminuindo.

Saí da caverna, e Sete Encruzilhadas veio em minha direção.
– Pai Preto, vamos rápido. É o fim deste buraco maligno. Vamos logo.
– Sim, irmão. Estamos prontos.

Sete Encruzilhadas estava esgotado e começou a riscar uma mandala portal com seu punhal. Chamou todos e fez a ativação.
– Vamos, irmãos. Pai Preto, entre com Jorge.

Mais adiante, Megê Lyr ativava uma madala para o equilíbrio Divino.

Assim fomos nos transportando pela mandala portal.

Era o fim mais sanguinário que eu poderia expressar. Aqueles demônios foram todos reduzidos a ovóides, e aquele inferno virou pó.

Agora começaria o resgate mental de Jorge.

Deus é maravilhoso: usou nossas intenções de resgatar Jorge, e no entanto fomos usados para resgatar centenas de irmãos e ainda acabar com o núcleo do mal no astral.

Capítulo XIV

Reajuste na Luz

Como Jorge já é um espírito assentado nos Mistérios Divinos, pudemos encaminhá-lo diretamente para Aruanda, sem passar por nenhum núcleo intermediário. Para ele, essas mudanças vibratórias foram muito desgastantes. Chegou no Núcleo de Regeneração, uma extensão do Templo da Evolução Divina, inconsciente e tendo algumas convulsões. Foi rapidamente isolado em uma sala para a transmutação energética de seu corpo espiritual.

– Irmão Pai Preto, missão cumprida.
– Sim, Megê Lyr. Graças a nosso amado Criador, estamos bem.
– Nem todos. Muitos dos meus comandados foram reduzidos – disse Sete Encruzilhadas.
– Que pena, irmão. Mas a causa foi justa: acabamos com um núcleo maligno. Fico imaginando quantos milhares de irmãos do plano terreno foram salvos.
– Pois é, irmão. Agora é só encaminhar seus comandados reduzidos aqui para a regeneração, que breve estarão ao seu lado novamente.
– Que assim seja, Megê Lyr!
– Pai Preto, vou retornar para minha dimensão. Espero novas solicitações – despediu-se Sete Encruzilhadas.
– Vai na luz, Exu.
– Pai Preto, preciso retornar para meu Templo também. Aguardo notícias de Jorge. Espero vê-lo logo desperto para sua natureza.
– Muito obrigado, irmão de caminhada. Será avisado em breve.

Abraçamo-nos, e Megê Lyr seguiu para fora do Núcleo.

Sentei e comecei a meditar sobre os fatos ocorridos nos últimos momentos. Ainda estava maravilhado com a forma que o Criador nos conduz.

Lembrei daqueles seres bestializados e da forma como eles foram reduzidos, assim como aquele núcleo.

Quem estava por trás daquele "terremoto" energético?

– Pai Preto, que bom revê-lo!

– Querida Flor-de-liz, como vai, irmã?

– Vou bem. Contente por saber que Jorge está de volta.

– Pois é. Ele está passando pelo reajuste energético. Logo poderemos entrar.

– Me conta, Pai Preto. Como foi o resgate?

– Ah, querida. Sente-se, é uma longa prosa.

Capítulo XV

Jorge Consciente

Foi-nos dada a permissão para adentrarmos a sala de Jorge.
– Como vai, Jorge? – perguntei.
– Estou melhor. Um pouco fraco e zonzo, mas estou feliz por saber que posso enxergar luz e flores.
– E, por falar em flores, deixe-me te apresentar: esta é Flor-de-liz.
– Como vai?
– Vou bem, Jorge. Que bom revê-lo.
– Rever? Como assim?
– Não se preocupe, Jorge. Quando estiver melhor, entenderá muitas coisas.
– É importante saber que está entre amigos de longa data e que seu tormento acabou.
– Entendo... mas... onde estou?
– Você está em um "hospital", equilibrando-se.
– Hospital? Mas eu não morri? – disse rindo.
– Sim, irmão. Ou melhor, você só desencarnou e está em outro plano, que não é muito diferente do da Terra.
– Fico confuso, mas acho que entendo. Afinal, como se chama?
– Oh! Desculpe-me. Me chame de Pai Preto.
– Certo. Muito bom conhecê-los. E Clara?
Quando Jorge falou de Clara, seu padrão vibratório começou a descer; no plano físico, é como se a pessoa tivesse uma taquicardia ou altas de pressão.
– Acalme-se, irmão! Ela vai muito bem. Não tem com o que se preocupar.

– Quero vê-la, mas tenho vergonha.

– Jorge, você terá muito que pensar, mas fique sabendo que ela foi a principal interceptora do seu resgate.

Ele abriu um lindo sorriso, com lágrimas nos olhos.

– Peço perdão a Deus pelos meus erros!

– E ele te escuta. Pode ter certeza.

– Jorge, fique calmo. Temos muito que fazer ainda – disse Flor-de-liz.

– Vamos deixá-lo descansar.

Saímos do quarto. Era hora de começar os preparativos para Jorge se despertar e ser guiado pela Lei Divina.

Capítulo XVI

Um Mergulho em Si
(por Jorge)

Deitado naquela cama confortável, em um quarto simples, porém muito limpo, um perfume suave no ar foi me tranqüilizando. No entanto, comecei a recordar dos meus últimos tempos. Lembrei-me da minha vida na Terra, de Clara, de meus filhos e do horror que vivenciei.

Um misto de alegria por estar naquele lugar e de revolta e nojo daqueles seres infernais que se julgavam Deus começou a tomar conta de mim. Mas me perguntava sobre a existência do Deus em que acreditei. E o inferno de fogo, que não vi?

O que vi foram tormentos, escuridão, dor e podridão. Aquele cheiro fétido de cadáveres se decompondo nunca sairá de minhas narinas. Que sirva para eu nunca mais querer voltar para aquele horror.

Quanto tempo se passou? Alguns dias ou meses? Não há noção de tempo, porque todo o tempo é escuro. Sem luz do luar, é como um quarto vedado, em que não se enxerga nada e que é sufocante. O que iluminava eram tochas de fogo.

Respirei fundo, pois se me perdesse neste pensamento, a revolta me tomaria por completo.

E agora? O que Deus espera deste imundo filho?

Quando penso em boas ações, não consigo encontrá-las no meu pensamento.

Que relaxo fui! Deus deveria se envergonhar desta criação.

Tive talento, dinheiro, inteligência, fama e influências que se resumiram em uma existência vazia.

Afinal, quem sou eu?

Aquele ser horrendo que se vingava de não sei o quê me chama de...

Qual o tamanho de minha história? Que outros males eu fiz de que não me recordo? Quando terei as respostas? Se é que as terei!

Recostei-me no travesseiro e dormi. Não sabia que seria a última vez que eu seria tão humano em espírito.

Capítulo XVII

No Templo da Evolução Divina

– Pai Preto, está tudo pronto para o atendimento de Jorge – disse Júlio, um dos auxiliares do Templo.
– Obrigado, irmão. Já é hora!
– Flor-de-liz, busque Jorge. Vamos começar.
– Tudo bem, Pai Preto!
– Júlio, avise Venâncio que Jorge está a caminho.
Após todos saírem, entrei em meditação e oração.
Mentalizei o amigo Sete Encruzilhadas e preparei o ambiente. Quando me sentei para iniciar o registro de minhas observações, Flor-de-liz e Jorge irromperam na porta.
– Bom dia, Pai Preto! – saudou Jorge.
– Bom dia, Jorge. Como está agora?
– Sinto-me bem, refeito e com muitas dúvidas.
– Creio que terá as respostas agora.
– Por quê?
– Salve, irmão! – saudou Venâncio quando entrou na sala.
– Bem, Jorge, deixe-me te apresentar: este é Venâncio, nosso irmão e responsável pela abertura do inconsciente no resgate de memória ancestral.
– Como vai, sr. Venâncio? – perguntou Jorge.
– Vou muito bem, irmão! Estou aqui para ajudá-lo a despertar sua memória, que foi adormecida quando encarnou.

– Acho que entendo. Estou ansioso. Vamos logo ao finalmente.
– Sim, claro! – respondeu Venâncio.
Flor-de-liz e eu sentamos no fundo da sala.
Venâncio ligou alguns fios na cabeça e no peito de Jorge.
– Jorge, agora relaxe, concentre-se e olhe para o telão, mas não queira interferir em nada.
Venâncio ligou uma máquina da qual saíam os fios ligados em Jorge. Fez uma prece, levantou a mão direita para o alto e logo começou a brilhar com uma luz violeta. Colocou a mão sobre a testa de Jorge, e, em segundos, começaram a ser projetadas imagens no telão.
Estamos a mais de 2.600 anos a.C., no Templo de Ísis, no Antigo Egito. Jorge é Sekour, o feiticeiro responsável por manter a ordem mágica no Templo.
É dia de intenso calor. Sekour está em meio ao deserto, fazendo suas obrigações para a Grande Deusa. Logo, ao anoitecer, terá que fazer outras obrigações.
Estava concentrado quando uma cobra saiu do fundo da areia e caminhou em sua direção.
Sekour, por ser feiticeiro de Ísis, tinha nas cobras grandes amigas e auxiliares, mas esta estava com o guizo ameaçador. "O que ela está querendo dizer?", pensou.
A cobra deu uma volta ao redor dele e começou a se enrolar em seu corpo até que ganhou sua cabeça e se recostou.
Um forte arrepio percorreu o corpo de Sekour. Sentiu tontura e um insuportável gosto de sangue na boca. Por alguns segundos, o sol sumiu, e tudo ficou escuro. Avistou a alguns metros o espectro de Anúbis, o Senhor da Morte.
Assustado, Sekour saiu do transe e voltou para o Templo. Sabia que o perigo estava ao lado.
Sekour era o feiticeiro principal do Templo de Ísis. Ele protegia o culto e seus seguidores e mantinha a guarda mágica de Lamesh, sacerdotisa de Ísis.
Lamesh, uma bela mulher, tão bela que se comentava que foi especialmente esculpida pela Grande Deusa. Ela era amada por muitos, mas um outro reino a odiava e iria destruí-la.
Seu arquiinimigo é Sakesh, o feiticeiro de Seth, Senhor das Trevas e do Caos. Este homem é o mais temido nesse tempo.

Esta é uma briga que já vem de muitos séculos por causa do mito dos Deuses.

Como o culto à Ísis não pára de crescer, isso tem provocado muito os seguidores de outros Deuses.

Sakesh há muito tempo tem feito acordo com entidades trevosas e nessa noite ele conseguiria o que tanto almejava.

Sekour chegou ao Templo e correu em direção ao Grande Altar, onde mantinha as oferendas. Ajoelhou-se, encostou a cabeça no solo e pediu orientações sobre seus presságios.

Após algum tempo, teve a visão de sua sacerdotisa sendo assassinada durante o repouso.

Tranqüilizou-se, pois sabia que ninguém passaria pela guarda; no entanto, manteve-se alerta por questionar a necessidade dos presságios.

Imerso nesses pensamentos, foi interrompido por uma voz suave:

– Sekour, procurava por você! – falou Lamesh.

– Boa tarde, senhora.

– O que deseja?

Lamesh deu sinal para os criados se retirarem.

– Sekour, eu quero você!

E lançou-se nos braços do feiticeiro, que correspondeu com um apaixonado beijo.

Os dois mantinham um romance escondido e proibido havia muito tempo. Esse romance ia contra os dogmas da Deusa, que não permite romance de suas sacerdotisas com seus feiticeiros.

– Venha ao meu quarto quando a noite estiver avançada – sugeriu Lamesh.

– Sim, minha amada, esta noite nos amaremos.

– Farei minhas obrigações para a Deusa e logo após irei ao teu encontro.

– Vou te esperar, querido.

Apesar de ser um romance proibido, havia um respeito mútuo entre ambos, o que o tornava maravilhoso.

Os homens criam tantas regras e dogmas em seu meio que acabam sendo prisioneiros e violadores de suas próprias criações.

Anoitece no Egito, a lua brilha como sol. Sakesh faz os últimos sacrifícios ofertados a Seth e às entidades trevosas. Hoje a oferta é uma garota de sete anos.

O ritual é tão tenebroso e assustador que me privo de descrevê-lo. Mas saibam que é de muito sofrimento e dor. Um sarcasmo constante das entidades malignas.

O pacto de Sakesh era que ficasse invisível aos olhos de todos para chegar até Lamesh e matá-la. Seu desejo seria concedido.

No altar de Ísis, Sekour, quase em transe, prosseguia com seu ritual ofertório à Grande Deusa.

No salão, estavam todos os feiticeiros, os aprendizes e três mulheres, futuras sacerdotisas.

O ritual corria em clima de festejo.

Sakesh saiu de seu reino em direção ao Templo de Ísis.

Uma forte energia densa tomava conta da região.

Ao chegar à porta principal do reino, observou de fora que a guarda estava dormindo. Logo entendeu que essa seria a invisibilidade prometida.

Não teve problemas em acessar a edificação. Correu em direção à ala dos quartos e adentrou o quarto de Lamesh, que estava se banhando e nada percebeu.

Sakesh sacou sua adaga e foi em direção à sacerdotisa. Entrou no banheiro.

– Já chegou, querido? – disse Lamesh antes de sentir seu pulmão sendo perfurado e o sangue tomar conta de sua boca.

Mais três perfurações o assassino fez. Saiu correndo sem ser visto.

No Templo de Ísis, todas as velas se apagaram, e um vento soprou forte, derrubando as ofertas do altar.

Sekour entrou em transe e viu sua amada falecida na banheira. Percebeu novamente o gosto de sangue na sua boca e o símbolo de Seth.

Voltou do transe e correu em direção ao quarto de Lamesh.

Passou pela porta principal e viu a guarda dormindo. Chegou ao quarto de Lamesh e, vendo a porta aberta, sentiu gosto de sangue na boca, cheiro de podridão e magia negra no ar. Entrou correndo e não quis acreditar ao ver sua amada banhada de sangue.

Deitou no chão e a abraçou chorando e desesperado em um misto de ódio e dor.

Ficou ali por algumas horas limpando o corpo de Lamesh. Seu olhar vidrado. Mudo, somente a beijava, a acariciava e a limpava.

Em sua alma brotava a semente de vingança e de destruição. Jurou vingança até sua morte.
Nascia ali um dos maiores combates de magia negra no Egito.
Sakesh irradiava prazer quando chegou em seu Templo. Ria com todo sarcasmo possível. Estava embriagado da energia densa que ativara. Só queria destruição e, por incrível que pareça, sua vontade estava sendo atendida.
Sekour anunciou o assassinato da sacerdotisa, o que causou imensa tristeza no reino.
Ele preparou o mais belo funeral para sua amada secreta; por 21 dias o reino permaneceu em luto.
Sekour precisaria anunciar a nova sacerdotisa indicada pela Grande Deusa.
Para ele, preparar uma nova sacerdotisa nessas circunstâncias era muito doloroso.
Sua vida já não tinha sentido, sua fé estava abalada.
Estava decidido em se vingar: mataria Sakesh e depois partiria do reino. Não serviria à Grande Deusa mais.

~~∞∞∞~~

Já Sakesh continuava com suas armações: queria destruir a liderança de Ísis e dominar o Egito.
Preparou um exército imantado por magia negra e se preparou para um ataque.
É chegado o momento de Sekour anunciar a nova sacerdotisa da Grande Deusa Ísis.
– Isa, você assumirá o trono de Lamesh. Crê que esteja pronta?
– Sim, Sekour, é o que mais quero!
– Terá de dar continuidade ao trabalho de Lamesh, que o desenvolvia com grande maestria. Manter a ordem e a harmonia do reino.
"E também promover o desenvolvimento do povo. Respeitar a todos para que tenha o respeito e o domínio sobre tudo.
"Será a líder e correspondente de Ísis. Zelará pela Deusa por meio de suas ações. Será leal e obediente."
– Entendo, Sekour. E não serei diferente: farei o melhor.
– Sendo assim, querida, tomará seu lugar na próxima Lua Brilhante.
– Mal posso esperar.

Capítulo XVIII

Reação do Ódio

Sekour se afasta dos seus afazeres como Feiticeiro Iniciador das Sacerdotisas de Ísis todo envolto pelo seu ódio e vai ao encontro de Sakesh. Sabia quem era Sakesh, o feiticeiro do reino combatente que já havia jurado morte ao culto de Ísis, a mais cultuada divindade do Egito Antigo.

Sekour não se conformava. Não pelo ato de tentarem afrontar Ísis, mas o que o envolvia no tenebroso sentimento de ódio, vingança e ranço era o fato de terem lhe tirado sua amada, afastando-a de seus braços pela força da maldade e da ganância.

Engano de Sakesh por acreditar que isso abalaria o culto à Ísis. Sekour estava decidido a caminhar por toda eternidade até se vingar de seu algoz, apresentando-lhe o desespero em vida. Dessa forma, afasta-se de seus afazeres, pedindo licença à sacerdotisa, que não aceita de bom grado.

– Isa, preciso me afastar do reino, conforme prometi. Agora você assumirá este povo e honrará tudo aquilo que Lamesh nos mostrou. Eu não posso mais viver neste reino. Serei sempre um servidor de Ísis, mas o meu coração sangra, e eu preciso me afastar.

– Sekour, por favor, não faça isto. Não se afaste de nós. Precisamos muito de você, que sempre foi nosso iniciador e soube nos conduzir.

– Isa, não insista. Este é meu comunicado oficial, e não tenho dúvidas do meu afastamento.

– O que eu poderia fazer para evitar?

– Poderia ter evitado a tragédia maior.

– Mas, Sekour, eu também estou sujeita a isso. E se amanhã alguém vier me matar? Não terei ninguém para me defender... – disse Isa triste.
– Isa, você encontrará um guerreiro que te honrará e te protegerá. Não sou eu quem fará este papel.
– Sekour, você é muito importante para nós. Não vá.
– Isa, já estou de saída. Minhas trouxas estão prontas, e só vim me despedir de você.

Dessa forma, Sekour vira de costas e sai da sala, Isa grita misericórdia e pede que ele não se vá, mas Sekour está decidido.

Já era hora avançada na madrugada. Lua brilhante no céu, e poucas horas para o Sol despontar. Sekour se despede do reino. Saindo, a cada passo que dava era como se pisasse no próprio coração. Dedicou-se toda a vida a este reino e à Deusa. E a Deusa? Onde está a Deusa que o abandonou quando mais precisou dela, permitindo que assassinassem sua sacerdotisa principal, que a amava, a honrava e a venerava? "Será que nossa união de amor era tão mal quista por você, Ísis?", assim se perguntava. Até que verbalizou:

– Eu vos desconjuro. Eu amaldiçoou todos aqueles que crêem em vós. Porque eu que sempre me dediquei à vossa força, hoje estou aqui amargurado, destruído e ferido. Eu que tanto vos honrei. Seguirei meu próprio destino. Eu serei meu destino.

Assim Sekour se afasta do reino, ganhando o deserto.

Após quatro dias de caminhada, Sekour estava a alguns quilômetros de distância do reino e próximo do reino de Anúbis.

Ao entrar no reino, procurou encontrar o feiticeiro principal. Na praça principal, encontrou alguns moradores e os interpelou.

– Olá, senhor. Onde encontro o homem chamado Analito?
– Por que procuras Analito? – indagou o velho assustado.
– Sou amigo dele de longa data.
– Ah, sim. Aqui ninguém tem amizade com ele. É um feiticeiro muito ruim.
– Não diga isso. É um grande amigo meu. Onde posso encontrá-lo?

Após a indicação, Sekour se despistou do velho, que nada sabia sobre a procura. Foi até Analito.

Quando se aproximou do local, assustou-se por visualizar aquele buraco muito tenebroso. Uma caverna. Um arrepio percorreu o corpo de Sekour, que sentia forte mal-estar, mas estava decidido: queria aprender o feitiço que usaria para vingar sua amada.

Pensava nisso quando Analito se aproximou.

– Como vai, Sekour? Estava te aguardando!

Isso o chocou e sentiu vontade de sair correndo do ambiente.

– Não temas, Sekour. Sei o que veio buscar e estou disposto a te ajudar.

– Certo, Analito. Já me conhece. Vim atrás de um feitiço para o aprisionamento do espírito de um infeliz desafeto que cruzou o meu caminho.

– Sabe quanto isso custará?

– Quanto, senhor Analito?

– Custa a sua alma, Sekour. Se comprometerá perante os meus superiores e a eles entregará sua alma após sua passagem.

– Analito, se me der o que busco, fechamos o acordo.

– Me siga, Sekour.

Foi conduzido para um saguão muito escuro com poucas tochas acesas. O aspecto do ambiente era péssimo, e um forte mau cheiro impregnava o local. Analito sentou-se dentro de um círculo com traços riscados.

Sekour conhecia o estudo das escritas mágicas e identificou ali as escritas de inversão. Analito concentrou-se e iniciou os mantras rituais. Em uma espécie de transe, abriu os olhos, que estavam virados, e com uma voz gutural se dirigiu a Sekour:

– Salve, Sekour. Estás em meu reino. O que desejas? – bradou aquele ser.

– Desejo o feitiço para me vingar do meu desafeto.

– E qual feitiço buscas?

– Busco o enclausuramento do espírito daquele que me desafiou.

– Sekour, tu honras tua alma a quem?

– Honro à Deusa Ísis.

– NÃO, Sekour! A quem honras tua alma? – esbravejou.

– Não entendo, senhor... Eu honro à...

Nesse momento, um choque na coluna de Sekour o colocou de joelhos, com a cabeça ao chão. Aquela voz gutural em alto som explodiu.

– Sekour maldito, a quem honra tua alma?

– Honro a ti, senhor. Minha alma é tua caso eu encontre o que vim buscar.

– Ah ha ha ha ha!

Após uma longa e alta gargalhada, aquele ser ensinou a Sekour como deveria proceder.

Minutos depois, Analito saiu de seu transe, bastante esgotado, e pediu algumas moedas. Após o pagamento, Sekour retirou-se daquela caverna.

Longe da aldeia de Anúbis, foi juntando os elementos que precisava para o feitiço. Quando conseguiu tudo, só precisou aguardar até a lua minguante seguinte.

Faria o feitiço e vingaria sua amada.

Capítulo XIX

A Magia

Já com os materiais em suas mãos, Sekour dirigiu-se ao ponto alto do deserto na grande noite de lua minguante, carregando os animais e a sua adaga de prata.

Abriu o grimório de feitiço que comprou do feiticeiro e preparou todo o ritual. Postou-se dentro do círculo mágico e iniciou o ritual; sacrificou os animais e declamou as palavras mágicas. Sakesh estaria com o seu fim marcado nas areias daquele deserto.

Sekour estava com um porco nas mãos, para o último sacrifício daquela noite. Ao introduzir o punhal no coração do animal, com o urro de dor que ele emitiu, Sekour sentiu sua audição ser bloqueada. Tudo se apagou na sua vista, e sentiu que tudo girava à sua frente. Seu espírito foi retirado do corpo.

Ainda zonzo, olhava para o lado. Um mau cheiro de podridão no ar. Sua vista foi se abrindo, e vislumbrou seres horrendos à sua frente, com formas de animais. Eram uma anomalia: corpo de um, cabeça de outro, e tudo se confundia.

Desesperado, pensou em Ísis e, em um ato contínuo, gritou de dor ao sentir algo pontiagudo penetrar suas costas.

– Como ousa evocar essa dita Deusa? – rosnou uma voz infernal.

Lentamente, virou-se e caiu para trás assustado.

– Senhor, perdoe-me, mas não sei onde estou!

– Você está em meu reino, Sekour. Agora somos eu e você. Tu fizeste os sacrifícios em meu nome e a mim entregou sua alma, para os meus domínios.

– Sim, preciso me vingar deste maldito que cruzou o meu caminho.

– Certo. Seu feitiço já está feito e foi aceito. Olhe para isto.

Abriu uma pequena caixa; nela, havia uma pedra emitindo luzes que formaram uma tela visual e apresentaram os animais sacrificados na sua forma etérica, fundindo-se e formando algo terrivelmente indescritível. Essa coisa foi em direção a Sakesh, que nesse momento repousava em sono profundo, e pulou sobre seu corpo. Sakesh teve uma convulsão e no fim entrou em um coma.

Sekour se assustou ao ver o espírito de Sakesh se projetar do corpo, que já não era mais dele, pois ele estava aprisionado dentro daquela coisa.

– Vê, Sekour. Veja o que fizeste com Sakesh. Eu cumpri com a minha promessa. Agora ele terá esta forma animal por toda eternidade, até quando chegar o momento em que você mesmo o libertará deste cárcere. Quando ele voltar do sono, sentir-se-á mal e modificado. Seus hábitos alimentares não serão mais os mesmos. Ele começará a se alimentar de sua própria espécie. Esta é a inversão dos instintos naturais do ser humano. Em breve, seu corpo físico estará deformado, e ele virá para o mundo dos mortos.

– Senhor, muito obrigado. Vejo seu poder e me reverencio à sua força!

– Não, Sekour, tu não reverencia a mim. Tu és meu! Ah ha ha ha ha! – disse gargalhando estrondosamente aquele ser infernal.

Como um raio, Sekour voltou ao seu corpo. Estava assustado. Sentiu que precisava procurar um lugar seguro, e assim fez.

Capítulo XX

Marcado para Todo o Sempre

Muitos anos se passaram. Sekour manteve uma vida nômade, evitando fixar-se em algum lugar. Não queria ser encontrado pelo povo de Ísis.

A marca do sucesso de sua vingança estava registrada no seu ser. Sabia que responderia sobre isso, sem imaginar ao certo o que poderia acontecer, mesmo tendo muito conhecimento sobre o assunto.

Dedicou o resto de sua vida a meditar e rogar pelo reino de Ísis. Sabia que o reino ia bem, e isso significava que Sakesh não conseguiria mais afrontá-lo.

Sekour, dentro de seu casebre, ajoelhado sobre o círculo mágico e meditando, sente uma forte dor no peito e falece.

Em um suspiro já estava em outra realidade.

– Como vai, Sekour?

Ele não podia crer. Novamente, depois de tanto tempo, aquele ser infernal o abordava como um amigo. Sua cabeça girava, e os pensamentos percorriam em um turbilhão de lembranças.

– Sekour, eu vim te buscar. Pensou que eu te esqueceria? Olhe para o seu corpo – rosnou.

Uma forte dor na cabeça atordoou Sekour ao olhar para o lado e visualizar o seu corpo velho e fraco, estendido sobre aquele assoalho.

– Viu, Sekour? Acabou na miséria. Está no mundo dos mortos por falecer de fome. Este é o seu pagamento que apenas se inicia.
– Como assim?
– Você está morto, Sekour, e agora vive aqui. Vamos. Não quero conversa sem produção. Já tenho uma tarefa para você: servirá os meus súditos. Não pense que aqui terá o comando de algo.

Sekour não podia acreditar no que acontecera. Agora estava aprisionado.

"O que fiz de minha vida? O que fiz de minhas escolhas? Com tanto conhecimento, onde vim parar?", pensou.

– Sekour, Sekour, não pense, pois os seus pensamentos ressonam alto em meus ouvidos. Já que perguntas o que fizeste, eu te respondo. Tu odiaste alguém, e este ódio o trouxe até mim. Colherá isto a partir de hoje.

Sekour foi levado para o reino infernal deste ser.

Alguns dias depois, foi conduzido até um salão onde aquele ser estava sentado em um trono, segurando um cetro indescritível, que, ao ser levantado, fez os símbolos de Sekour se apagarem e inverterem as posições. Sekour percebeu que fatalmente estava condenado.

Assim foi a passagem desse espírito pelo Egito Antigo. Sekour foi alguém que contribuiu muito para a eternização do culto a Ísis, que até nos dias de hoje atrai olhares e estudos sobre seu infinito mistério.

Sekour errou por, no ponto alto de sua atribuição, não entender que por ser feiticeiro de Ísis, deveria atuar sempre com amor. Ele se permitiu ser instrumento do ódio.

Foi escravo desse ser por milênios, até que foi resgatado pela Lei para reajuste, tendo a oportunidade de se encontrar com Lamesh; eles decidiram reencarnar juntos.

Reencarnaram mais tarde, em Roma. Ele mais uma vez envolvido com os mistérios ocultos, e ela junto. Viviam uma relação de amor até que novamente foram separados e tomados pelos sentimentos inferiores.

Mais séculos se passaram, e eles, no plano astral, penitenciavam. Até que surgiu novamente a oportunidade de reencarnarem, como Jorge e Clara.

Capítulo XXI

O Retorno

Jorge já estava com uma nova consciência. Sabia de tudo que havia acontecido e agora precisaria de uma nova postura. Muito ainda iria acontecer.

Fecharam a tela de sua memória ancestral e iniciaram as explicações de que o grau que ele um dia alcançou ainda existia, pois é algo que não se perde, apenas se afasta, e que por tudo o que ele criou, teria que galgar uma longa estrada de redenção. Ele só estava ali naquele momento porque Sakesh já retornara à sua volta humana, deixando o outrora Sekour se apagar de sua memória.

A reencarnação de Jorge no Brasil teria sido para justamente adormecer sua abertura ao mundo invisível e magístico, para poder se reorganizar energeticamente. No entanto, ele caiu por outro sentido da vida e agora terá que resgatar tudo o que provocou.

༺⁂༻

– Como está se sentindo, Jorge? – perguntou Venâncio.

– Estou bem, Venâncio, só surpreso. Mas sinto que tudo isso que vivi está latente dentro de mim. Até sinto o cheiro desta época, como se eu tivesse vivido nela ontem.

– E é exatamente isso, Jorge. É assim que deve se sentir quando há o resgate da memória ancestral. Isso só será adormecido quando possivelmente você reencarnar. Assim sua responsabilidade com você mesmo aumenta.

— Sim, amigo. Me esforçarei para honrar a Luz do Criador. Honrarei também o esforço de todos vocês. E o que eu devo fazer agora?

— Mediante isso, nós agora vamos encaminhá-lo para o Templo ao qual você pertence ancestralmente. Lá cuidarão de você.

— Entendo. Pouco me recordo daqui, ainda que eu sinta que por aqui já passei.

— Exato, Jorge. Nós te levaremos, e lá reencontrará pessoas e lembrará de mais coisas – falou Pai Preto.

— Claro, Pai Preto. Estou ansioso por novidades. E Sakesh? Qual é a situação dele?

— Não se preocupe com ele, Jorge; já foi encaminhado e não pertence a nós.

— Imagino, Pai Preto.

— E Clara? Em que lugar a encontro para me desculpar?

— Jorge, Clara está muito bem, não se preocupe. Saiba que tudo isso que está acontecendo tem influência dela.

Com isso, os olhos de Jorge marejaram, e um pranto dolorido e emocionado saiu de seu peito.

Era emocionante para todos ver que aquele homem que caiu, levantou-se e caiu novamente se levantava mais uma vez e permitia que o bálsamo da emoção e das lágrimas lavassem seu espírito e seu coração.

Capítulo XXII

Assentamento de um Guardião

Saímos caminhando e nos distanciávamos do Templo... Jorge apresentava em sua face um misto de ligeira preocupação e alegria. Mal sabia para que local estava sendo encaminhado; neste momento será apresentado ao sustentador do campo onde ele, por muito tempo, permanecerá e deverá provar diariamente seu arrependimento e seu trabalho incansável na reformulação de sua história.

Permanecemos em silêncio por um longo período até que nos aproximamos de um portal escuro.

– Para onde vamos, Pai Preto?

– Jorge, este portal nos levará para uma esfera e reino onde você deverá desenvolver seus trabalhos para o Criador.

– Quer dizer que, pelo o que vejo, a Luz não será minha morada...

– Exatamente. Porém isso é um estado de espírito, ou seja, você poderá habitar em orbes escuros e ser luz no caminho dos espíritos que encontrará. Tornar-se-á um defensor da luz nos campos escuros, campos estes criados e escurecidos pelos seres humanos que ainda não se permitiram ser a soma na Criação Divina e que por motivos infinitos se preocupam em ser algo a parte, priorizando seus instintos e desejos materiais, emocionais e negativos.

"Mas sobre isso, assim que chegarmos ao reino onde habitarás, terá as explicações necessárias."

– Entendo...
– Vamos, Jorge?
– Podemos ir.
– Então se concentre em seu corpo espiritual e dê um passo à frente.

Assim fizemos. A sensação de transportar-se através de portais fixos ou dos escritos comumente chamados de círculos mágicos ou mandalas pelo plano físico é um tanto vertiginosa e acontece em fração de segundos.

Quando chegamos a nosso destino, Jorge sentou-se. Sentia-se atordoado pela mudança brusca das vibrações.

– Pai Preto, que sensação horrível...
– É natural, Jorge. Você mudou bruscamente as realidades vibratórias de seu complexo espiritual. Respire fundo e se concentre no ambiente local; absorva as energias do ambiente e faça de você e do local uma unidade.
– Pai Preto, me explique por que eu observava alguns espíritos se transportando por meio da volatilização, e nós, por exemplo, precisamos de portais ou mandalas para tanto.
– Jorge, ocorre que para transportar-se de um ponto dimensional ou local para outro é necessário primeiro que o espírito em questão tenha bem desenvolvida essa técnica e depois que ele conheça de fato os lados por onde ele irá se movimentar. Por exemplo, estamos em uma esfera distante de onde fica Aruanda, de onde partimos...
– Mas aqui é regido por Aruanda?
– Sim, mas está distante enquanto vibração e esferas. Desse modo, qualquer espírito que queira se transportar para cá deve, além de saber a técnica, ter a permissão de acessar esta esfera e reino e também já ter vindo aqui algumas vezes para criar em seu mental o endereço vibratório de transporte. É como os princípios de magia ou feitiçaria como você bem conhece.
– Compreendo...
– Assim, quando todos esses fatores não existem, são necessários portais para o transporte. Eu poderia segurar a sua mão e trazê-lo pela volatilização, porém isso seria ainda mais desgastante. Outro detalhe importante é que normalmente se observa a volatilização de um ponto ao outro na mesma esfera, já o transporte de esfera a esfera ou dimensão a dimensão pela volatilização é raríssimo, e esta faceta pertence aos espíritos que se encontram

em esferas superiores até de Aruanda. São esses espíritos ascensionados que habitam da quarta esfera para cima.
– De fato, o aprendizado é constante e infinito. Obrigado, Pai.
Somente agora Jorge começou a olhar ao seu redor e a entender que estava em um lugar não tão escuro, mas nem tão claro. A ambientação é parecida com o pôr-do-sol no fim da tarde. Este ambiente se mantêm assim constantemente durante o sol, e à noite a escuridão é plena.
O local assemelhava-se com sua passagem pelo Egito e lhe trazia fortes recordações. Ele não percebeu, mas suas vibrações e energias já estavam modificadas e adaptadas ao ambiente ao qual ele pertencia.
Estamos em frente a uma edificação erigida com grandes blocos de pedra naturais, uma espécie de pirâmide circular, cercada de tochas de fogo e de vários sentinelas muito bem armados. Jorge se deslumbrava com o ambiente, sem sair do lugar.
Nesse momento me pus a orar...
– Criador amado, que tanto amor nos remete, Luz Suprema que nos envolve nas mais torpes escuridões e que nos fortalece em seus braços. Louvado sejais Vós sempre, que não se esquece de nós, Seus filhos pequenos e falhos.
"Vós, Divino Criador, forneceis a todos nós a morada que precisamos, em nossos limites e resistência, para que continuamente possamos servir-Lhe e honrá-Lo, evoluindo nosso ser para que possamos cada vez mais ser-Lhe útil e necessário.
"Permita-nos acessá-Lo sempre sem véus e regras. Mantenha em minha alma esta admiração pela Vossa criação e pelos Vossos filhos amados.
"Não permita que eu falhe, pois não suportaria a vergonha de desonrá-Lo ou de não corresponder a Vossas intenções.
"Faça de todos nós multiplicadores de Vossa intenção e luz.
"Abençoe-me, Criador, enquanto seu grão de areia neste deserto que me encontro. Cubra de luz, Criador, este irmão que será reassentado em Vosso amor e imante a todos e a tudo que criastes agora e sempre.
"Criador, como somos pequenos diante de Vós e nos julgamos tão sábios ou suficientes em nossa caminhada, julgamos que temos mais importância que os outros e não compreendemos que somos grãos e não o deserto, pois este é Vós ou a união de todos nós que se faz mostrar sua magnitude.

"Que este irmão, Jorge, que por tanto tempo procurei e que resgatei, seja a partir de agora seu instrumento justo e não venha mais a falhar se esta for a Vossa vontade."

De olhos fechados e em silêncio, em uma espécie de transe, observei um facho de luz dourada recair sobre aquele reino, e, quando abri os olhos, o facho permanecia. Nós estávamos cercados de sentinelas que iam abrindo um corredor, e lá na ponta dois homens altos, fortes e muito bem vestidos caminhavam em nossa direção. Jorge preocupou-se.

Todos os sentinelas batiam o cabo de seus tridentes no chão de forma cadenciada, e aquilo gerava um som entorpecedor. A vibração do ambiente parecia um terremoto. Eram milhares de sentinelas que também gritavam a palavra "salve".

– Salve, Mestre Pai Preto! – saudou o homem com uma longa capa e espada na mão.

– Salve, Pai Preto! – saudou o homem forte com um imenso tridente na mão esquerda e uma pedra vermelha irradiante na mão direita.

Ajoelhei.

– Salve, senhores do Reino de Pai Ogum nas Trevas!

Cruzei o chão com a mão esquerda.

– Mestre Pai Preto, não ajoelhe, pois isto cabe a nós...

– De forma alguma, senhores. Eu sou visita, e os senhores os donos do reino. Aqui não importa de onde venho ou o que sou, devo-lhes respeito e reverência por serem o que são e mais ainda por manterem um reino tão lindo e organizado em uma região tão triste e desolada; dessa forma, bato minha cabeça ao chão já cruzado para reverenciá-los e solicito a proteção.

– Então nos ajoelhamos à sua frente, Mestre Pai Preto, em agradecimento a tão honrosa visita que nos alegra pela sua presença e por trazer junto de ti um dos nossos comandantes que a muito perdemos nesta árdua luta contra o mal.

"Assim cruzo minha espada em reverência e bato minha cabeça."

– Pai Preto, eu cruzo meu tridente e bato minha cabeça, agradecendo Pai Oxalá por trazê-lo até nós, que ansiosos o aguardávamos.

– Que assim seja! Agora, passados os protocolos, aceito um forte abraço de vocês.

E assim foi feito, seguido de forte cadência dos sentinelas.

Jorge não entendia nada, mas chorava muito. Então, os dois Guardiões o abraçaram...
– Seja bem-vindo, comandante.
– Obrigado, mas não entendo...
– Entenderás...
– Vamos entrar no reino, pois alguém nos espera.

Olhei novamente para o alto e vi que aquela luz dourada permanecia, agora entrelaçada com raios vermelhos.

Quando adentramos o salão principal da pirâmide, a luz no centro era tão intensa que incomodava nossa visão.

Jorge foi acometido por intenso tremor no corpo e, entre lágrimas de emoção inexplicável e forte vibração, foi lançado ao centro do saguão, postando-se de joelhos e desnudo.

De seu peito, o símbolo ancestral começou a irradiar luzes coloridas, e na sua cabeça, a coroa irradiava e recebia luzes douradas e vermelhas.

Os dois Guardiões se posicionaram ajoelhados atrás de Jorge, e em nossa frente se mostrou o espectro de Pai Ogum, que proferiu em uma voz estridente:

– Espírito de minha prole, seja bem-vindo à sua essência e natureza, sua morada e campo de batalha. Eu o recebo em meu braço esquerdo e o assento em um de meus Tronos. Forneço-lhe meus armamentos e meu símbolo em seu braço esquerdo para que nunca te esqueças de que outra oportunidade não terás a não ser a de me orgulhar, resgatando aqueles que fizeste cair e trazendo-os até mim já renovados e iluminados, lapidados pelo seu punhal, que lhe oferto.

Nesse momento, caiu na frente de Jorge um ponteiro de prata com sete pedras de rubi cravejadas na sua empunhadeira.

– Sr. Tranca Ruas, levanta-te e gradue este meu filho.

Levantou-se o homem da espada.

– Jorge, em nome de nosso Pai Ogum, em meu nome, Tranca Ruas, eu o assento em meu Trono e tenho a honra de lhe restituir o nome e o grau, os quais nunca deverias ter perdido. Assim o consagro Comandante Tranca Ruas – batizou Sr. Tranca Ruas enquanto cruzava a espada na cabeça e nos ombros de Jorge.

– Comandante Tranca Ruas, terás em mim sua meta, serás a partir desse momento o defensor da Lei Suprema, afastarás o caos da ordem, a escuridão da luz e a ignorância da sabedoria. Liberte os humanos e libertar-se-á. Assim reavivo tua ancestralidade, e consciente será diante de mim e do Criador.

Nesse momento, um estrondo se fez no saguão e explosões de luzes no alto recaíam sobre o agora Comandante Tranca Ruas, que já estava encoberto por uma longa capa vermelha. Pai Ogum sumiu de nossa frente, e um silêncio como vácuo permaneceu por alguns segundos. Mas, em um piscar de olhos, Pai Oxalá se fez presente em forma de luz dourada e cristalina.

– Amado filho, louvado seja nosso Criador e abençoado tu que retornas para a casa. Junto de ti me farei presente e lhe oferto meu símbolo e meu nome para que onde quiseres percorrer não encontres caminhos fechados. Sua busca de almas a espiritualizarem-se será árdua e necessária, com amor terás a missão de reafirmar a fé nos caminhos dos milhares de espíritos que te encontrarão.

– Guardião das Sete Encruzilhadas, coroe este filho da Luz nas Trevas.

Levantou-se o homem forte do tridente.

– Comandante Tranca Ruas, em nome de Oxalá e em meu nome, eu te recebo em meu Trono e te assento como um executor de meu reino. Tornar-se-á um defensor da Lei e da Fé, reordenará os seres que apáticos na fé estiverem afastados do Criador, colocará um novo sentido na fé daqueles que sem ela caminham e com meu símbolo não terás caminhos fechados ou portas que não possas passar quando estiveres no cumprimento de seu dever. Assim te assento e corôo como Guardião Tranca Ruas das Sete Encruzilhadas.

Assim executou o Guardião das Sete Encruzilhadas com seu tridente recostado na cabeça do agora Guardião Tranca Ruas das Sete Encruzilhadas, e na sua capa um símbolo se fez iluminado.

– Amado filho, receba minha veste para que sempre se lembre de que a luz é seu destino e o destino daqueles que te encontrarem.

Mais um estrondo e luzes quando Pai Oxalá sumiu de nossa frente, e apenas a luz das tochas de fogo permaneceram no ambiente.

Jorge, vestido com uma bela roupa branca, capa vermelha, ponteiro na mão, chorava compulsivamente. Parecia ter um tamanho maior do que quando chegou.

– Levante-se, Guardião Tranca Ruas das Sete Encruzilhadas, e prepare-se para assumir seu reino e comandados. Guarde em sua memória esse momento e essas lágrimas, pois lágrimas serão raras.

A partir de agora, irá lidar com a ingratidão, o desequilíbrio e os mais revoltantes sentimentos humanos – ordenou Sr. Tranca Ruas.

O Guardião Tranca Ruas das Sete Encruzilhadas engoliu o choro, veio em minha direção e com um forte abraço me acarinhou. Como estava modificado aquele homem que a pouco aqui chegara como dr. Jorge e que teve uma vida um pouco desregrada em sua última passagem na carne.

Como é magnífico o Criador, que, por ter tanto amor por nós, promove situações inimagináveis para os pequenos espíritos humanos.

Aquele dr. Jorge, espírito frágil e cheio de curiosidade, que por muito tempo amparei, em poucos minutos se tornara na minha frente um Comandante Guardião Tranca Ruas das Sete Encruzilhadas, que, a meu ver, parece mais um general, pronto para a guerra e em plena forma.

~~~

– Obrigado, Pai Preto... – resmungou Jorge.
– Não tem que agradecer, filho. Fique com o Criador e seja o melhor. Agora preciso ir.
– Como assim, Pai? Fique mais. Preciso de sua sabedoria.
– Não, filho, não precisa. Toda sua memória imortal está reavivada. Basta se dar uns poucos momentos de silêncio e terá todos os seus dons e atributos novamente ativos em seu ser. Os Guardiões às suas costas o orientarão como agir daqui para frente.
– Não vou vê-lo mais?
– Nem pense nisso. Nos veremos muito e em breve teremos bastante trabalho juntos na Terra.
– Pai, eu me ajoelho à sua frente, cruzo o solo com meu ponteiro e o reverencio pelo Mestre que és em minha vida.
– Filho, eu também me ajoelho e reverencio sua força e seu campo de atuação, mas, entre nós, você sempre será o meu Jorge, aquele doutorzinho que nem acreditava em vida após a morte física.

Jorge gargalhou e disse:
– Pai Preto e Mestre amigo, o que seria de mim sem sua paciência e persistência no meu resgate? Leve minha eterna gratidão, e serei seu servo sempre que precisar.

– Servo não, caminharemos sempre juntos.
– Que assim seja.
– Assim será, irmão Guardião Tranca Ruas das Sete Encruzilhadas. Deixo meu afeto e peço ao Criador que continue a iluminá-lo sempre, ainda que as Trevas sejam seu refúgio.

Assim, o Mestre Pai Preto transformou-se em luz na frente de todos e sumiu. Ele sabia a arte da volatilização.

– Guardião, vamos, temos muito que fazer ainda.
– Sim, senhores. Agora sou orientado por vocês.
– Então venha.

Capítulo XXIII

Conhecendo as Atribuições

Jorge, agora Guardião Tranca Ruas das Sete Encruzilhadas, foi levado a outra esfera dentro das Trevas, onde conheceria seu campo de atuação tanto no plano físico como no astral.

Chegaram em um casarão de aspecto antigo, porém muito limpo e até reluzente de energias, ainda que localizado em uma esfera densa. Adentraram o casarão muito bem escoltado. Após as apresentações dos Guardiões que acompanhavam Jorge, foram encaminhados para um salão com uma imensa mesa-redonda. Nela havia 30 indivíduos sentados, dentre eles homens e mulheres muito bem vestidos e armados, uns de aspectos maravilhosos e outros nem tanto. O Guardião Tranca Ruas das Sete Encruzilhadas observava a todos com receio e percebeu que na mesa havia três lugares vazios. Todos se levantaram e cumprimentaram os três.

– Salve, companheiros! – retribuiu o Guardião Tranca Ruas.

– Tomem seus lugares, amigos.

– Obrigado, Marabô.

Agora a mesa continha 32 Guardiões além de Jorge, sendo 16 homens e 16 mulheres.

– Seja bem-vindo ao nosso grupo, Comandante Guardião Tranca Ruas das Sete Encruzilhadas – falou Sr. Marabô.

– Obrigado, amigo.

Então, Guardião Marabô iniciou seu pronunciamento:

– Muito bem, companheiros e companheiras. Como é de conhecimento de vossas senhorias, estamos aqui hoje para discutir os passos fundamentais que daremos daqui para frente junto aos encarnados diante de um novo portal que se abrirá em breve. Teremos um campo de atuação vasto e fundamental para o equilíbrio entre a Luz e as Trevas na vida do plano físico.

"Eu, Marabô, Guardião do Conhecimento, no cumprimento de meu dever, dou por iniciada a nossa reunião.

"Temos a presença de um irmão que chegou há pouco tempo para esta realidade, mas que traz uma participação magística junto de nós milenarmente e, por capacidade, ostenta o grau de Comandante Guardião Tranca Ruas das Sete Encruzilhadas. E, para que não haja dúvidas, temos a presença do sr. Guardião Tranca Ruas e do sr. Guardião Sete Encruzilhadas, os quais o assentaram no grau. Esta é a multiplicação natural de nossos atributos e de nossas atribuições.

"É por isso que nós, os sustentadores de graus, estamos aqui reunidos. Agradeço aos senhores G. Porteira, G. Sete Cruzes, G. Meia-Noite, G. Tiriri, G. Lodo, G. Caveira, G. Morte, G. Gira Mundo, G. Cachoeiras, G. Beira-Mar, G. Cobra Coral, G. Folha Seca, G. Fogo, e às senhoras parceiras desses.

"Está prestes a ser levado ao plano físico o que hoje conhecemos aqui como Movimento Umbanda Astral. Lá será a religião Umbanda, que nos levará à luz dos encarnados que não nos entendem e mal sabem de nossa real existência.

"Nossa luta para manter a Lei será intensificada, pois teremos um campo de atuação mais ativo, que é o coração dos encarnados, que insistem em se prender no preconceito, no ódio, na vingança, na vaidade, no orgulho e em muito dos sentimentos que mais fazem afastar a ordem de seus espíritos e atrair para si o caos espiritual.

"Vamos combater de forma mais intensa os magos trevosos que acabam com a harmonia etérica do plano físico.

"Como somos Guardiões da esquerda dos Sagrados Senhores do Alto, que são apresentados aos encarnados como Orixás, levaremos este novo culto de forma renovada a todos e defenderemos o ideal de amor e luz com nossas vidas, por honra e glória da força Criadora de tudo.

"Essa mesma reunião acontece com muitos outros grupos de Guardiões e Guardiãs companheiros que formarão uma corrente infinita de sustentadores da esquerda na vida de todos.

"São vocês sabedores que as mentes infernais já estão se movimentando para impedir nossa ação. Por hora, temos como missão dar sustentação a um encarnado que ainda é um garoto, porém é o porta voz dos Sagrados Senhores do Alto. Por meio de sua mediunidade, promoverá a manifestação de um espírito da alta hierarquia na Luz e assentará no plano físico a religião Umbanda.

"Aconselho que façamos pessoalmente a guarda desse missionário para que tenhamos certeza de que tudo ocorrerá como planejado..."

Esta reunião durou muitas horas, nas quais discutiram como seria a expansão de suas falanges e como localizar os milhares de mediadores que lhes serviriam de veículos para a execução de suas funções. Quando terminou a reunião, o Sr. Guardião Marabô se dirigiu a Jorge:

– Comandante Guardião Tranca Ruas das Sete Encruzilhadas, seja bem-vindo à atividade.

– Estou ansioso, amigo...

– Entendo, Comandante. Você tem uma missão delicada.

– Amigo, vá logo ao assunto.

– Muito bem. Antes de você ser treinado em como trabalhar com os encarnados, deverá resgatar sete espíritos que caíram – alguns por sua culpa, outros que mantêm uma ligação estreita contigo. E só você poderá livrá-los do mal que os acomete.

– Como farei isso?

– Eu o ajudarei. Precisaremos localizá-los, e você deverá se aproximar deles e encaminhá-los para o chamado de encarne. Conhecerá em breve quem lhe servirá no plano físico como médium para que, então, você assuma outra missão...

– Vamos uma por vez!

– É que está tudo interligado, pois você vai enviar estes sete espíritos para a carne e só na carne é que irá reencontrá-los. Por fim, terá a difícil missão de harmonizá-los e recolocá-los na senda da evolução espiritual. Alguns desses estão há séculos presos no cárcere do ódio e de sentimentos não favoráveis para se libertar.

– Então...

– Então você contará com um amigo de caminhada que, na sua passagem pelo Egito, teve em você um mestre na feitiçaria e que também utilizou muitas forças de forma negativa, só que conheceu outras formas de utilização tendo outros mestres e se reequilibrou parcialmente.

– Onde o encontro?

– A notícia que tenho é que ele foi resgatado e se encontra em escolas iniciáticas que o prepararão para o reencarne, que será daqui a algumas décadas.
– Antes do reencarne poderei falar com ele?
– Não sei te responder. Isso já não depende de nossa vontade.
– Entendo... Muito bem, como faço para começar a localizar estes espíritos?
– Não é tão simples. Alguns eu sei do paradeiro, outros se encontram indetectáveis. Penso que só você irá encontrá-los.
– Quando começo a busca?
– Você será encaminhado para um local onde lhe ensinarão a fazer localização ancestral por meio do reconhecimento de ligações energéticas no seu corpo mental e emocional. Por isso digo que só você encontrará alguns. Mas, antes de qualquer coisa, você vai aperfeiçoar o uso de seus instrumentos, tanto para defesa quanto para ataque. Você encontrará seres que a mente humana não consegue conceber e que tentarão lhe impedir nesses resgates.
– Tudo bem. Estou à disposição da Lei, e que seja feita a vontade Suprema.
– Então vamos, Comandante, que vou lhe mostrar uma coisa.
Guardião Marabô segurou as mãos de Jorge, e volatilizaram para um campo aberto, que mais parecia uma concentração militar, onde tinha umas três centenas de homens e mulheres.
– Aqui estão os seus comandados.
– Como assim, Marabô?
– Oras, Guardião, pensas que ostenta o grau de Comandante sem comandados? – disse Marabô gargalhando.
– Não tinha pensado nisso ainda, amigo.
– Pois então pense. É chegada a hora de assumi-los, treiná-los, assentá-los e honrá-los.
– Como farei isso?
– Você sabe muito bem. Use os teus recursos. Agora, vá até eles e dê voz de comando. Estão ansiosos para conhecê-lo.
– Muito bem. Fique aqui amigo e depois me diga como me saí.
– Estarei aqui, Comandante.
Jorge virou as costas para o Guardião Marabô e se aproximou daquele rebanho de espíritos não muito bem vestidos e muito mal armados. Eles deixavam a impressão nítida de estar, havia muito tempo, sem um comando. Ele se infiltrou naquela multidão e olhou nos olhos de cada um. Sem querer, tomava conhecimento

sobre a situação de cada um sem nada falar. Então assumiu uma posição de destaque e falou:
— Companheiros e companheiras!
Todos se viraram a ele, sem nada entender.
— Tenho o prazer de conhecê-los. Sou o Comandante Guardião Tranca Ruas das Sete Encruzilhadas e fui incumbido de assumi-los em meu agrupamento diante do Divino Criador.
A maioria começou a gritar de alegria, mas alguns estavam contrariados.
— Prove a todos que você é nosso Comandante, e se for, eu mesmo cuidarei de destruí-lo por nos deixar tanto tempo sem comando.
— Não penso que preciso provar nada para ninguém, pois se a vontade da Lei é que eu esteja aqui, cumpro com minha função. Para aqueles que não reconhecem em mim um Comandante, então que sejam comandados por você, infeliz.
Jorge estava alterado...
— Viram companheiros? Ele não é um Comandante. Vamos destruí-lo para que aprenda a não tentar nos enganar.
Um rebolição começou. Alguns concordavam e outros não. Do meio da multidão, o mesmo homem que o havia desafiado correu em sua direção com uma espada nas mãos e vociferando tentou o ataque.
Jorge prontamente empunhou seu ponteiro e mentalizou aquela luz de Ogum. No mesmo instante um facho de luz foi disparado pelo ponteiro, que atingiu o infeliz no peito, fazendo com que ele despencasse desfalecido com um buraco no corpo.
Do corpo de Jorge saíam luzes escuras, e sua roupagem tomou a cor negra, porém o ponteiro mantinha a luminosidade prateada.
— Alguém mais se atreve a me enfrentar? – vociferou Jorge.
— Não, Senhor Comandante – todos gritaram.
— Não era do meu desejo que isso ocorresse, tampouco tenho a intenção de subjugá-los. O que me traz aqui é simples: preciso de um agrupamento, e vocês de um comando, então não sejam mais animais do que já foram. Ofereço a todos a oportunidade de igualdade e crescimento. Trabalharão para a Lei e praticarão o bem apenas. No entanto, ninguém tem obrigação de me seguir. Que venham apenas os interessados em mudar de vida. E já alerto: eu os honrarei e vocês me serão leais, caso contrário, o fim de vocês será pior que desse infeliz. Então pergunto: Querem minha companhia?
— Sim, Senhor Comandante – responderam em uníssono.

– Quem não estiver satisfeito, por amor à vida, se retire.
Após longo silêncio e sem ninguém se retirar, ele continuou.
– Todos se ajoelhem. Faremos o juramento de lealdade ao Criador.
Todos de joelhos empunhavam suas armas. Jorge vendo aquilo se emocionou, ajoelhou e iniciou:
– Senhor do meu destino e do destino desses amigos, eu Vos evoco para perto de nós, que, errantes diante do Vosso amor, nesse momento contamos com Vossa misericórdia. Banhe-nos com Vossa luz de paz e de amor.
"Se me enviastes para este campo de ninguém, aqui finco Vossa bandeira, recolho estes Seus filhos e filhas e os oferto aos Senhores do Alto para que a Vossa Lei se resplandeça.
"Eu, como Guardião de Vossa Ordem nos campos da Fé, prometo vivificar a Vossa existência na vida de todos e, nesse momento faço destes Seus filhos e filhas seres iniciados em meu mistério."
Nesse instante, um facho de luz rompeu a escuridão, e um a um foram tomados por uma energia de prazer e vitalidade. Suas roupas foram copiadas da do Comandante, e seus armamentos renovados e recarregados de poder.
– Agora, peço a todos que delimitem este espaço, pois aqui será nossa morada. Volto logo para demais instruções.
Jorge dirigiu-se ao Guardião Marabô, mas não o encontrou. Marabô via a tudo escondido em outra esfera, não queria atrapalhar o Comandante.
Sentou em uma pedra e observou aquele mutirão de homens e mulheres que iam de um lado ao outro a executar variadas tarefas. Refletia em como tudo acontecia tão rapidamente. Em pouco tempo já liderava um grupo e tinha uma missão. Missão esta que não sabia por onde iniciar. Na sua mente, muitas imagens e lembranças iam se instalando e fazendo com que ele soubesse muito bem quem era e como deveria conduzir toda essa situação de liderança. Já trazia toda estrutura ancestralmente e por lembrança ia conduzindo aquela nova realidade.
Levantou-se e foi em direção ao grupo; delegava cargos e responsabilidades a uns e outros, dirigindo ordens e metas a cada um.
Observou uma edificação simples e pequena, dirigiu-se a ela e, logo próximo à entrada do recinto, um homem o interpelou:
– Senhor, esta foi sua morada há muito tempo.
– Sim, sinto isso companheiro. E hoje, quem habita nesse lar?

– Ninguém. Esta casa sempre foi conservada na medida do possível esperando pelo seu proprietário.
– É assim que funcionam as coisas por aqui! – exclamou com surpresa.
– Sim, senhor. Agora vou deixá-lo em paz.
– Não. Qual é seu nome?
– Me chamo Aldo.
– Há quanto tempo está aqui, Aldo?
– Desde sua queda e reencarne, senhor.
– Me conte sobre os últimos fatos antes de minha extradição. Vamos entrar.
A edificação simples aconchegava bem o Comandante, que prontamente procurou dois assentos: um para ele e outro para Aldo.
– Vamos, Aldo. Preciso de algumas informações. Ao que me consta você sempre me foi leal e por muito tempo me acompanhou.
– Sim, senhor...
– Sem formalidades, companheiro. Também me lembro de que nunca gostei dessas coisas. Me chame de Comandante ou como quiser, mas nada de formalidades.
– Sim, senhor – sorriu Aldo.
– Agora, conte logo.
– Comandante, há pouco tempo as coisas por aqui mudaram, e estamos sendo lembrados. Mas não foi assim no seu tempo. Quando chegaste nesta região, vieste movido por sentimentos vis e por uma força mental de dominação como nunca mais vimos. Dessa forma, nos envolveu e começou a nos ensinar muitas coisas, só que não se encontrava benquisto pela Lei. Seu tempo aqui foi curto, pois vieram os executores e te levaram para os "ajustes", como dizem.
"Tempos depois, um outro grupo passou por aqui e nos comunicou que o senhor estava em outras "missões", que não permitiria outro Comandante por aqui, e que nós nos cuidássemos, assim como desta região. Bem... assim tentamos cumprir da melhor forma essa missão. Agora, eis que o senhor está aqui, muito diferente. Sua aparência não era esta, e tampouco vestia-se assim."
– Entendo, Aldo. Mas por que se sente angustiado?
– Senhor, tenho medo, pois estamos todos sem entender como será nosso destino. Por muito tempo o acompanho...
– Aldo, você me acompanha desde quando?

– Ah, senhor... desde os tempos áureos. Lembra, feiticeiro Sekour?

Esta frase foi como uma bomba na mente do Comandante, que, emocionado, abraçou Aldo.

– Companheiro, agora te reconheço. Você é o Enoir, o aprendiz mais jovem e curioso – disse gargalhando.

– Sim, sou eu feiticeiro!

– Por que não disse logo?

– Porque aprendi que devemos ter calma e cautela com a mente e o coração humanos. Se jogamos rapidamente informações sem preparar o alvo, o perderemos. Assim aprendi com meu feiticeiro.

– Enoir, meu leal companheiro, agora está tudo claro, e posso dizer que você continua o mesmo. Quer dizer então que você manteve todo este recinto por lealdade?

– Sim, senhor. Aprendi que ser leal é acreditar naquele que um dia o libertou; ainda que distante ou mesmo tortuoso ele se encontre, devo crer que retornarás, pois assim é a vontade dos Deuses.

– Fui eu quem te conduziu até este inferno, Enoir... Como pode ser leal ainda assim? – entristecido, comentou o Comandante.

– Não diga isso, senhor. Esta foi uma escolha minha. Sempre me ensinou sobre a dualidade do Universo. Eu optei, não me arrependo. Se um dia eu conhecer a Luz, saberei bem como são as Trevas.

– Grande Enoir, como você amadureceu. Realmente esta morada deve lhe fazer bem.

– Agora estou feliz por voltar, senhor. Sei que novos tempos chegaram e estou ansioso.

– Enoir, realmente muitas coisas mudaram. Estou feliz por tê-lo já comigo. Então você é um dos sete que preciso reencontrar!

– Se o senhor está falando dos seus pilares, sim, sou um.

– Que bom. Então já sei quem vai me ajudar. Dê-me um abraço, companheiro, que muito ainda nos aguarda.

Abraçaram-se felizes.

– Vamos combinar uma coisa: daqui por diante sou Guardião Tranca Ruas das Sete Encruzilhadas, o Comandante.

– Certo, Comandante. E eu sou Aldo.

– Combinado.

Passaram mais algumas horas a conversar sobre os ocorridos na vida de ambos. Assim estreitavam ainda mais a ancestral relação que traziam.

Capítulo XXIV

Início da Busca

Passaram-se alguns meses entre idas e vindas do Comandante nas reuniões de seus superiores que o preparavam para melhor conduzir sua função.

Aprofundamento magístico e visitas a alguns reinos têm sido a constante rotina do Comandante.

Na sua colônia, tudo caminhava normalmente.

Estava recostado em uma pedra, próximo à sua morada, quando foi surpreendido:

– Laroyê, Tranca Ruas!

Assustado, levantou-se para ver quem o saudava pelas costas.

– Salve, companheiro.

– Salve, Comandante. Eu sou o Guardião Sete Portas e vim para ajudá-lo. É chegado o momento de seu mergulho aos mais recônditos buracos desta Treva, em busca dos seus elos perdidos.

– Sim, companheiro. Tenho aguardado esse momento ansiosamente.

– Pois é chegada a hora. Está pronto?

– Sim, ou necessito de algo mais?

– Mantenha sua roupa iniciática e seus armamentos, assim garantirá segurança.

– Meu fiel Aldo pode ir junto?

– Não, Comandante. Mantenha-o aqui para garantir-lhe a tranqüilidade deste vale.

– Está certo.

Após o Comandante delegar as devidas ordens ao seu grupo de trabalho, retornou para junto do Sr. Sete Portas.

– Estou pronto, Guardião.
– Venha, Comandante. Preciso lhe apresentar alguns companheiros.

~~~~~~~

Já um pouco distante da colônia, aproximamo-nos de mais três homens vestidos com uma espécie de túnica preta e um colar com uma imensa pedra na altura do coração. Em cada um, a pedra tinha uma cor diferente.
– Salve, companheiros – saudou o Comandante.
– Salve, Comandante. Eu sou o Guardião Mago da Pedra Roxa – apresentou-se o homem com um colar de pedra roxa.
– Salve, Comandante. Eu sou o Guardião das Sete Chaves – apresentou-se o homem com um colar de pedra violeta.
– Salve, Comandante. Eu sou o Guardião Mago da Lei – apresentou-se o homem com um colar de pedra vermelha.
– Eles irão acompanhá-lo, Comandante. Confie neles e não faça nada do que não for previamente combinado por eles.
– Certo, Guardião. Mas como será esta missão?
– Você será encaminhado para as regiões onde estão os espíritos de sua tutela.
– Compreendo. Então vamos, não há tempo a perder.
– Senhor Comandante Guardião Tranca Ruas das Sete Encruzilhadas, nossas reverências. Antes de mais nada, precisa falar com alguém.

O homem da pedra vermelha mal terminou a frase, e um estrondo se fez ecoar no ambiente. Uma luz intensa brilhou na minha frente.

Quando a luz abaixou a intensidade, pude ver um homem com uma roupa longa até os pés que trazia detalhes dourados e tecido azul-claro e vermelho. Tinha uma imensa espada irradiante nas mãos e uma espécie de turbante na cabeça. Parecia com algumas pinturas ancestrais do Egito, e tive uma sensação de nostalgia com aquela presença.

O clima amistoso cessou quando ele, com uma voz firme e estridente, pronunciou-se:
– Salve, Guardião! Ajoelhe-se para seu juramento.
Todos já se encontravam de joelhos.

– Guardião, é chegado o momento de sua principal tarefa junto de minha esquerda e da de meu Pai.
– Sim, senhor. Quem és vós?
– Eu sou seu Comandante, Guardião. Do lado invisível, estou te acompanhando, e tu és meu representante nas Trevas, sendo você minha extremidade afastada da Luz e filho do mesmo Pai, meu Pai Ogum.
– Senhor, sinto em meu ser a verdade sobre o que me revela. Esforçar-me-ei para honrá-lo e para jamais me afastar de vossa visão.
– Eu sou sua voz para a Luz, e agora um precisa do outro de forma revelada e constante.
– Serei sua voz nas Trevas, senhor, meu irmão, Pai do mesmo Pai.
– Salve nosso Pai Ogum, Ogum Yê!
– Salve!
– Comandante Ogum nas Trevas, que recebeste o nome de Tranca Ruas das Sete Encruzilhadas, eu sou Mestre Lothertal Yê. Na Umbanda Astral, me evoque como Ogum Sete Ondas. Enquanto você mantiver a ordem na vida espiritual e religiosa dos seres que contigo se encontrarem, eu me responsabilizarei em, depois de serem burilados por ti, os receber em minha força para uma nova vida, já ordenada e consciente da Criação Divina e dos mistérios que a cercam. Juntos podemos e devemos encaminhar ao nosso Criador Seus filhos já prontos para alegrá-Lo e, dessa forma, honrar nosso Pai Ogum.
– Mestre irmão e companheiro Lothertal Yê, que nas infinitas ondas de meu Criador tornou-se luz ao lado da Lei Sagrada, eis aqui seu companheiro e leal reflexo da Lei nas Trevas.
– Agora, Guardião, desembainhe seu ponteiro e o coloque aos meus pés.
Assim cumpri com sua ordem sem pensar.
– Guardião, jamais desembainhe sua proteção e se desarme sem antes certificar-se do real motivo.
– Mestre, não creio que deveria pensar, sendo esta uma ordem vinda de vós, meu reflexo na Luz.
– Em verdade lhe digo que nada é mais lógico do que um questionamento sobre um pedido deste.
– Compreendo, Mestre. Devo então recolher meu ponteiro?
– Não, Guardião. Em nome de nossa união e de sua confiança, eu lhe confio meu símbolo de honra.

De onde estava, lançou a espada que segurava. A mesma cravou-se na minha frente, e toda luz irradiante que emanava recolheu-se, ficando ali uma bela espada forjada na prata com sua empunhadeira entalhada no cobre e algumas pedras cravadas nela. Me incomodei pela ausência de luz.

– Guardião, não se preocupe. Onde caminharás não poderá emanar luz, pois todo e qualquer desequilíbrio deverá ser atraído para dentro dessa espada. Quando você se sentir em paz por ter cumprido alguma missão, ore ao nosso Pai, e esta luz de dentro da espada entrará em você.

– Senhor, não tenho como manifestar minha gratidão.

– Eu sei como, Guardião: apenas cumprindo com o que se espera de você.

– Mestre, assim será feito sempre.

– Agora segure a espada e repita:

"Senhor Ogum e meu Criador, neste momento aos Vossos pés me encontro e me entrego como Seu servo da Lei e da Luz nos vales das Trevas. Por meu ser e meu amor a Vós eu juro ser leal aos princípios da ordem, da verdade e da Luz. Juro ser Vossa voz com todo rigor e toda verdade na minha vida e na vida de todos que cruzarem meu destino.

Assim é e sempre será!"

Após o juramento, o ponteiro irradiou uma intensa luz vermelha, do rubi nele incrustado, que a todos ali presentes iluminou e que depois retornou sozinha para sua bainha.

– Salve, Guardião. Nos encontraremos em breve para juntos honrar nosso Pai.

– Salve, Mestre.

Ele emitiu um brado que vibrou a todos e, como chegou, sumiu de nossa vista.

Ainda meditativo sobre os acontecimentos, fui interrompido pelo mago da pedra vermelha:

– Comandante, é hora de partirmos. Já está sendo aberto o portal bestial no plano físico, e é por ele que caminharemos.

– Sim, claro, Mago. Conduza-me.

Caminhamos um pouco. Chegamos em um descampado que mais parecia um mar sem água. Não se via fim em nenhum dos lados, só uma escuridão profunda. Após alguns minutos de silêncio, senti o chão tremer e ouvi muitas vozes ecoarem naquele vale deserto. A poucos metros de nós, o chão começou a se abrir, e, como um reflexo, no "céu" também um "buraco" se abriu. Seu tamanho era imenso, e o seu barulho infernal.

– Comandante, estamos no meio deste trânsito. Neste meio em que estamos, esses seres não penetram. Não há nada que os atraia para cá. Estão indo direto para a faixa etéreo-física, na qual passarão algumas horas em uma espécie de folga, convivendo com os encarnados que lhes permitirem a companhia.

– Imagino que na minha última passagem permiti ser acompanhado por muitos desses.

– Bem, isso quem diz é você – ironizou o mago, que por sinal era o único que se comunicava.

– Percebo que não cessa o trânsito.

– Demora, mas cessa. São muitos milhares, afinal, é toda a orbe física que pode ser preenchida por eles. Não teríamos tempo de aguardar o fim desse trânsito. Vamos logo penetrar neste portal, e enquanto eles "sobem", nós "afundamos" – disse o mago rindo.

O buraco tinha uma tonalidade de vermelho vinho, com uma leve impressão de luminosidade de fogo, mas fogo não havia.

Entramos apressados no portal e descemos por uma escada que parecia não ter fim.

– Mago, por que não volatilizamos? Assim ganhamos tempo.

– Porque nessas regiões isto não é possível, Comandante. A tendência é você se petrificar cada vez mais e não se tornar gás. Aqui, tudo é denso e complicado de se mover. Essa é a condição dos seres aqui enviados.

– Seria este o tal do inferno tão temido entre os encarnados?

– Sim e não. Sim, porque considero isto aqui um lugar infernal, ainda que seja um reformatório do Criador, e não, porque não existe só este lugar. Muitos são os "infernos" e as dimensões inferiores.

– É aqui que acharei todos os meus tutelados?

– Alguns deles. Estão aqui os que usaram com toda intensidade a força negativa do cosmo.

– E como devo entender o merecimento deles? Parece que estou sendo o responsável por derrubá-los e levantá-los, quase um "Deus".

– Jamais, Comandante. Você apenas os apresentou para seres infernais. Ainda que tenha explicado o que isso acarretaria na vida eterna deles, eles não deram ouvidos. Porém seu erro foi não ter tido limites nessas revelações. Nem tudo o que se sabe, principalmente deste lado, deve ser revelado aleatoriamente, e ainda mais dando as ferramentas para esta manipulação. Claro que a responsabilidade é deles, só que eles clamam por você como algoz e salvador. Nenhum de nós conseguimos retirá-los de lá, só você conseguirá. E, para isto, plasme sua forma de feiticeiro Sekour.

~~~

Prontamente o Comandante era Sekour, o amado e odiado feiticeiro de Ísis que explorou todo o antigo Egito e moveu forças da natureza que nenhum outro tocou.

Caminharam algumas horas até que despontaram em um vale rubro e escuro, uma combinação aterrorizante. Os seres ali não lembravam os humanos, pois eram bastante deformados pelo que criaram. Manifestavam a impressão de ser inacessíveis. Árvores retorcidas e secas em pleno chão, que mais lembrava um lodo, eram a paisagem que compunha aquele ambiente.

– Comandante, veja ali perto daquele córrego. Aquele é Abraner, que considero ser seu maior desafio. Ainda mantém, mesmo bastante deformado, suas vestimentas e seus amuletos sagrados e magísticos, que não funcionam por aqui. Tenha cautela. Não podemos prever qual reação terá após tantos milênios. Mesmo reencarnando outras vezes, sempre que retornava ao plano espiritual tomava essa forma, que é muito latente em sua memória.

– Mago, você fica por aqui. E aos senhores, Guardiões, peço a necessária retaguarda.

– Estaremos por aqui.

~~~

Lentamente, fui me aproximando daquele ancestral companheiro, Abraner, fiel iniciado. Sem que ele percebesse, tentei algumas investidas para entrar em sua mente. Mas algo bloqueava, logicamente ele mesmo, então tomei a minha forma de dr. Jorge e me aproximei.

– Olá, amigo.

Assustado e com olhar penetrante e feroz, voltou-se para mim.

– Amigo? Quem é você, homem?

– Apenas um amigo. Gostaria de conversar contigo.

– Conversar? Amigo? Homem, quer ser reduzido a pó?
– Não tentaria isso!
– Homem, já está me irritando. Volte de onde veio e me deixe em paz.
– Amigo, o que tanto te atormenta e te prende a tanto tempo nesta região?
– Não me chame de amigo. Suma daqui, verme.
– Abraner, é sua oportunidade...
Enfurecido, Abraner me interrompeu e disparou um golpe certeiro que me tonteou.
– Verme, quem é você que ousa me chamar desse maldito nome?
Ainda recuperando meus sentidos, tentei dialogar:
– Maldito nome? Ao que consta, esse é seu nome iniciático...
Mais um golpe, só que meu pescoço ficou refém de suas mãos.
– Maldito sim, verme, pois esse nome me trouxe a este inferno. Olhe à sua volta e veja estes pequenos seres animais que me rodeiam. Não permitem que eu saia daqui. Ou você pensa que gosto de viver aqui?
– Não estou te atacando. Por que me ataca? – murmurei com a voz estrangulada.
Jogado ao chão, pude retomar o sentido e repensar a tática. Abraner se aproximou já com o tamanho de seu corpo mais avantajado e vociferou:
– Afinal, quem é você, verme?
– Sou seu algoz, Abraner, aquele que tudo te deu e tudo te tirou. Sou eu o seu sofrimento e a sua perturbação. Sou aquele que queres ver ao pó e também sou aquele de quem mais saudade carregas no peito. Sou seu inferno e fui seu paraíso. Sou tudo o que você aprendeu e tudo o que não deveria ter aprendido. Sou eu quem a ti se dedicou sem limites, e sem limites você agiu. Sou eu, Abraner, quem te coroou e te iniciou batizando-o como Abraner, o filho do Fogo e Guardião de Ísis; sim, Abraner, sou eu quem você se dedicou a buscar por milênios e milênios, mas nos distanciamos. Sou eu seu Mestre e seu carrasco. Sou eu sua pedra preciosa e o verme que te atormenta. Sou eu o feiticeiro Sekour.
Em um piscar de olhos tomei minha forma de Sekour, o que o transtornou e o fez bradar um urro de dor e desespero.
– Sekour, maldito mestre amado... – disse e emitiu mais um urro de dor.

– Por que demoraste tanto? Não foi este o combinado!
– Abraner, estamos cumprindo com o combinado. Não há tempo para nossa eternidade.
– Sekour, já não sei o que é tempo, mas posso lhe assegurar que estou cansado de procurá-lo e esperá-lo.
– Guardião Abraner, aqui estou, e isso deve ser mais importante.
– Importante? O que lhe foi importante por todo este tempo, maldito?
– Posso lhe garantir que não estive em nenhum vale de prazeres e que vivi o meu inferno.
– Sério? Assim me tranqüilizo. Só sinto pesar de vê-lo em tão boa forma, não mudaste nada. No entanto, eu estou bestializado e amaldiçoado. Veja meu corpo e olhe o que fizeste com quem tanto lhe dedicou honra.
– Abraner, não se apegue ao sofrimento. Não temos tanto tempo, e preciso cumprir o que vim fazer. Peço-lhe por piedade que se acalme e me escute.
– Sekour, Sekour, com que autoridade me pedes isso?
– Não é autoridade, Abraner. É apenas o sincero sentimento de felicidade por estar ao seu lado nesse momento. E por amor quero mudar sua realidade. Já basta tanto sofrimento, basta tanto ódio e milênios de aprisionamento. Tornaste cárcere de si próprio, criaste seu inferno e chefe dele se impôs. Enquanto dedicou a mim seu tormento, este aumentou cada vez mais. Enquanto me perseguiu, perseguido se fez. E a cada dia que dedicou seu sofrimento a minhas costas, sobre as suas ele pesou. Não vês que continuas o mesmo? O teimoso e endurecido Abraner?

"Assim tem criado seu inferno ou se conduzido a este. Logo, estes seres bestiais que te escravizam nada mais são que os frutos do que alimentas. Continua a criar uma realidade que existe dentro de você. Essa forma em que se encontra é o retrato do que trazes no coração, e se seus colares mágicos estão rompidos e para nada mais servem, é porque assim se tornou, dilacerado e imprestável, para si mesmo. Cada um de nós somos um universo inexplorado com buracos negros e portais de luz, e nós, somente nós, é que escolhemos o caminho a seguir, ou em qual buraco habitaremos.

"Abraner, não me enganei quando a ti dediquei o grau de Guardião de Ísis e em suas mãos depositei tantos conhecimentos. Sempre soube da linha tênue que você percorria no seu íntimo, das dificuldades e guerras íntimas que sempre travou para não cair em

tamanha perdição. Encantou-se demais com a alta magia profana que aqui tem. Não posso ser condenado por isso, Abraner, pois a ti apresentei os dois lados da força, e tu sozinho escolhestes o caminho.
– Foi você quem me abandonou!
– Não, Abraner. Somos indivíduos com uma história a ser escrita solitariamente, ainda que muitos sejam os personagens deste romance, que é a história humana, e você, fiel companheiro, é um grande personagem de minha história.

Nessa altura, Abraner já estava mais calmo e desprendido das defesas mentais. Essa técnica eu mesmo havia lhe ensinado. Então acessei sua mente e o conduzi rapidamente a uma memória de sua ordenação no grau de Guardião de Ísis. No mesmo instante, um pranto brotou de seu peito, e as lágrimas lavavam seu ser, modificando-o para a forma humana e bela do grande Abraner.

– Companheiro, é hora de decidir. Vamos embora daqui e retomar nossa caminhada?
– Como sair daqui, feiticeiro? Veja ao seu redor!

Realmente estávamos aprisionados. Muitos seres pequenos, mas nada amigáveis, postavam-se em posição de ataque. Também percebi que ainda não tínhamos sido atacados graças a uma intervenção mágica do mago da pedra vermelha, que criava uma redoma de proteção sobre nós.

– Sim, Abraner, estamos cercados, mas não podem nos atacar. Agora você escolhe: vir comigo e retomar sua história ou ficar aqui esquecido e ser reduzido a pó ou a alimento destas bestas.
– Como vou confiar em você novamente, Sekour?
– Vou lhe provar, companheiro. Segure meu cajado.

Quando ele aproximou as mãos do cajado, seus colares mágicos voltaram ao normal e se mantiveram brilhantes.

– Então, Abraner, confia?
– Sim, senhor, meu Mestre feiticeiro de Ísis.
– Para ainda lhe provar que Ísis está entre nós, pegue seu colar preto e faça a ordenação repulsora como aprendeste, pois o mago que me acompanha encerrará esta proteção.

Abraner retirou do pescoço o colar e o colocou no chão. Ajoelhou e fez a ordenação mágica necessária. Então, uma explosão aconteceu, e uma fumaça escura se movimentou por toda aquela região. Instantaneamente aquelas bestas fugiram covardemente. Era nossa chance.

– Vamos, Abraner.
Corremos em direção aos Guardiões, que felizes nos receberam; fomos conduzidos para a escadaria.
– Vamos, Comandante. Já se passaram muitas horas, e este portal se fechará. Veja como retornam os seres que daqui saíram – explicou o Mago.
– Sim, Mago, me parecem mais alegres ou satisfeitos.
– Exato. Em verdade estão mais humanizados.
– Compreendo.
Caminhamos até a saída, e no caminho Abraner foi se entrosando com os Guardiões.
– Muito bem, Comandante. Conseguiu resgatar o seu mais difícil elo. Agora vamos para sua colônia, que uma surpresa o aguarda.
– Não gosto de surpresas, Mago.
– Então comece a gostar, Comandante. Aqui é assim que funciona – disse gargalhando.

Capítulo XXV

Próximo da Redenção

Chegamos à colônia. Abraner estava introspectivo como de costume. Uma movimentação estranha acontecia na frente da minha morada.

Quando me aproximei, pude reconhecer o Senhor Tranca Ruas e fiquei feliz.

– Saudações, Senhor!

– Como vai, feiticeiro? Vejo que está trabalhando muito e, por sinal, lembrando-se dos velhos tempos – disse sorrindo.

– De fato, Senhor. Mas o que o traz nesta região?

– Apenas sua missão me traz aqui.

– Missão? Qual?

– Comandante, dentro de sua morada, encontram-se os cinco elos perdidos, ou pilares, como você mesmo os nomeia.

– Mas... não devia eu ter ido resgatá-los?

– Assim o fez, Comandante. Ao trazer o Guardião do Fogo de Ísis, promoveu a libertação e a condução dos restantes para cá. Caso falhasse nessa missão, todos estariam condenados também.

– Senhor, confesso que não compreendo esta trama. Onde se encontra o mérito individual? Cadê o Criador? Onde está a lógica em seres sofrerem e se amarrarem por conta de outros?

– É exatamente isso, Comandante. Estamos entrelaçados com milhares de seres por meio de cordões ou laços energéticos que nos unem. Assim estou eu contigo e com muitos outros, e assim está você com todas estas centenas de seres ao seu redor. Esse entrelaçamento se solidifica e cria laços quase incorruptíveis quando existe uma consagração. Você foi o iniciador desses que aqui estão. Entregou-os aos Senhores dos Mistérios do Universo e assim está imortalmente ligado a eles. Dessa forma, responsabiliza-se pelo caminho que percorrerem.

— Compreendo, Senhor. Mas como posso responder se estes trazem a livre escolha e a liberdade de percorrerem caminhos diversos? Como posso eu ser culpado ou responsável por mentes que sentenciam seu próprio destino?

— Sua responsabilidade está intrinsecamente ligada ao uso permitido do que cada qual faz com suas opções, porém o iniciador nunca deve se esquecer de ser a voz de alerta para aqueles que tendem a extraviar-se.

— E se eles ainda assim insistirem no erro?

— Então você se neutraliza, mas não perderá a responsabilidade. Não que vá responder pelos erros alheios, porém mais cedo ou mais tarde eles estarão na sua companhia novamente, e você, como iniciador, deverá acolhê-los para um recomeço. Por isso, Comandante, é que o Criador jamais dá a alguém o que não lhe é de direito e mérito. Muitos querem ser e se intitulam iniciadores de almas por este universo. Tornam-se doadores de quê? Como dar algo que não recebeu?

— Como ser um iniciador?

— Esta é uma conquista da alma, Comandante. Não é porque foi iniciado que torna-se iniciador, isto é algo ancestral e não simples como tentam tornar. Iniciar não é repetir fórmulas programadas apenas. Ainda que as fórmulas sejam guias para o iniciador, este deve trazer consigo a bagagem necessária que o tornará doador de algo divino.

— Isso se emprega aos iniciadores infernais?

— De certa forma. Para se integrar aos bestas, basta se entregar a eles, que fornecerão o que precisa em seus limites e interesses.

— Do alto vem o mérito, e debaixo vem o retrato da incompetência. Compreende, Comandante?

— Compreendo, Senhor.

— Agora vá, Comandante. Seus pilares precisam ser reerguidos e estão prontos para recebê-lo.

— Terei a mesma recepção que tive com Abraner?

— Não, não, Comandante — respondeu sorrindo. — Quer que Abraner me acompanhe?

– Não, Senhor. Ainda tenho muito que conversar com eles todos. Algumas metas serão esclarecidas. Em breve entregarei todos a você para que os conduza como manda a Lei.
– Exato, Comandante. Não há muito tempo. Eles deverão ainda estudar muito para o encaminhamento do reencarne, no qual os reencontrará para o trabalho que desenvolverá junto desta religião que se instala no plano físico.
– Já tenho conhecimento sobre isso, Senhor.
– Saudações, Comandante. Fique com minha força!
– Salve, Senhor!

Com a retirada do Senhor Tranca Ruas, Aldo se aproximou, cumprimentando Abraner, que ainda não tinha suas lembranças afloradas.
– Comandante, estão todos lá dentro. Posicionei alguns sentinelas para garantir a segurança, mesmo eles estando acompanhados.
– Acompanhados? Quem os acompanha?
– Apenas um homem, Comandante, que não se identificou.
– Sem identificação. E você o permitiu entrar?
– Estava junto com o Guardião, não oferece desconfiança.
– Tomara, Aldo, por sua vida, tomara.

Entrei na sala principal e me assutei quando vi cinco pessoas sofridas e dilaceradas, três mulheres destruídas, e na minha mente Clara reavivou meu sofrimento.
– Meu filho, não se perca agora, está em outra situação!
– Pai Preto? Não te vi, meu Mestre!

Nos abraçamos carinhosamente, e não pude conter as lágrimas de felicidade.
– Viu como nos encontraríamos? Eis aqui seus pilares, Comandante, e aqui finalizo minha missão contigo.
– Não me chame de Comandante, Pai.
– Mas é o que é, meu filho, um Comandante de almas, condutor dos filhos do Criador para a Luz, ou estou enganado?
– Assim afirma o senhor – disse sorrindo.
– Sim, assim afirmo e provo – disse Pai Preto também sorrindo. – Filho, eis aqui mais um passo para sua empreitada que ainda nem começou. Estes estão sofridos por se sentir esquecidos. A você cabe reanimá-los e fortalecê-los.
– Farei isso, Pai.

– Certamente. Então inicie, não o atrapalharei.

Voltei-me aos companheiros ali sentados e coloquei meu cajado no centro da roda que formávamos.

– Saudações, companheiros! Quanto tempo passado, e agora estamos aqui novamente em um círculo de prosa para nosso aprendizado.

– Por onde andou, Sekour?

– Andei, Flavius, apenas andei...

– Como nos dá essa resposta, Mestre? Estamos flagelados e esgotados na alma por seres que cobraram de nós pelo que não fizemos!

– Acalme-se, Antina! Tudo será esclarecido.

– Espero uma explicação lógica, Senhor Feiticeiro.

– Terá, Saphira, minha filha.

– De minha parte, estou mais tranqüilo, pois observo que coisas mais agradáveis ocorrem por aqui.

– Ótimo, Cilas. Fique bem tranqüilo.

Um silêncio se fez no ar. Parecia um vácuo, que tive que interromper por causa da minha indignação:

– Isa, minha sacerdotisa, não me indagará?

Ela manteve-se em silêncio, o olhar penetrante e distante. Como ela estava diferente, só me restava penetrar em sua mente. Mas então eu escutei:

– Feiticeiro, amado Sekour, por que me abandonou? Eu poderia ter sido sua Lamesh, sua amante e melhor sacerdotisa. Por quê, por quê, por quê?

Assustado retomei minha presença. Penetrei o olhar de Isa com desaprovação, ainda que desconcertado me senti.

Senhor Criador, tenho cinco problemas sérios, para solucionar conjuntamente, são necessidades diferentes e histórias diversas, e agora me coloca todos juntos.

– Companheiros, estamos aqui para reorganizar nossa história. Hoje sou diferente de quando me conheceram, muitas coisas me aconteceram e várias mudanças sofri. Sei que isso ocorre com todos vocês. Então, já que a Força Suprema nos coloca um no destino do outro, espero nos entendermos e caminharmos juntos já reequilibrados.

"Não cabe aqui julgamentos, aprendi que se aqui estamos não é por dívida, e sim por uma necessidade mútua que temos um com o outro. Agora me contem o que puderem."

Agora eu, Pai Preto, retomo a narração. Estive presente nesta reunião, que foi decisiva para a moldagem da personalidade condutiva de dr. Jorge Della Ponte, o feiticeiro Sekour, que atende por Comandante Guardião Tranca Ruas das Sete Encruzilhadas.

Como cada um narrava suas experiências até aquele momento, e a maior parte das narrações retratava sofrimentos e abusos, isso tudo foi incomodando profundamente o Comandante, que, endurecido, foi se transformando. No seu íntimo, a vontade era de buscar na ponta de seu ponteiro cada um que atentara contra os seus iniciados.

A narração das meninas o incomodou profundamente, pois o tempo todo se recordara de seu amor, o que também promoveu seu embrutecimento.

O Comandante foi se interiorizando e se petrificando. Algumas vezes irradiei magnetismos para ampará-lo, mas mesmo assim era mais forte. Entendi que essa transformação, que acontecia tão rapidamente aos meus olhos, só podia ser uma vontade Suprema, pois ali nascia um homem de rigidez terna para o trabalho esperado.

Um a um ele escutou, orientou e pacientemente restabeleceu de energias e vitalidade.

Explicou a todos sobre a nova religião que nascia no plano físico e as intenções que ele tinha com isso.

– Companheiros, essa religião se denomina entre os encarnados de Umbanda, na tentativa de manifestar a força unificadora que nos move. Não é diferente do nosso culto no Egito, só que os nomes mudam e ela absorve o que tem de melhor nas religiões do mundo.

"Nossa Ísis, clamamos como Oxum. Mas tudo isso vocês estudarão. Estamos combatendo intensamente os bestas que insistem em atacar os encarnados, assim como os atacaram. Eu estou engajado nessa missão de solidificar a Lei Maior e os convido para este trabalho."

Todos concordavam e se encantavam com as explicações que o Comandante transmitia sobre este culto.

– Assim, companheiros, vocês serão encaminhados para escolas astralinas de Aruanda, uma cidade próxima daqui. Lá, serão preparados, iniciados e então encaminhados para novo reencarne. Em 80 anos nos encontraremos no plano físico. Será mais uma campanha para nos encontrarmos. O mediador que nos ligará, está ligado a vocês, e o que me consta é que já está em preparação para seu encarne.

"Cada um de vocês encarnará em tempos e locais diferentes. Não se preocupem, que eu os acharei. Apenas gravem no coração este nosso encontro e não o esqueçam, para que sintam dentro de vocês, quando na carne estiverem, que estamos nos reencontrando. Todo o contexto em que estaremos envolvidos é muito diverso deste de agora.

"Portanto, eu os consagro em nome de meu Pai Ogum na força de Tranca Ruas, para que não desviem do caminho. A encarnação é perigosa, cada um de vocês estará em famílias avessas umas das outras, e o tempo que cada um levará para me encontrar também será individual. Não importa o tempo, apenas precisamos nos encontrar; dali por diante, cuido eu."

O Comandante chamou Aldo e Abraner para se juntarem aos outros. Ali ficaram por dias conversando. Ele apresentava todo o projeto para os 150 anos seguintes, que seria também fundamental para a Umbanda.

Passados alguns dias de conversas e aprendizados, eles se despediram. Os Guardiões dos Caminhos os esperavam para conduzi-los até Aruanda. Lá seriam preparados para ser encaminhados aos planos da reencarnação.

O Comandante, envolvido pelo trabalho com os encarnados, recebeu uma grande visita.

Capítulo XXVI

A Redenção

Decorridos alguns dias, o Comandante estava mergulhado no trabalho de preparar continuamente espíritos para servirem como seus multiplicadores no trabalho com os encarnados, que diariamente, de forma explosiva, recorriam às tendas e aos terreiros do plano físico.

Em um momento de descanso, enquanto fazia suas anotações, alguns bateram à sua porta.

– Salve, sr. Comandante!
– Salve. Quem são vocês?

Esta já era sua marca de personalidade. Sem muitos rodeios e com postura de não muito amigo, o Comandante lidava assim com todos.

– Comandante, eu sou Exu Tiriri e venho buscá-lo a pedido de um pessoal lá de cima.
– Pessoal lá de cima, companheiro?
– Sim, os da Luz – respondeu com euforia.
– Identifique-se melhor, Exu.

Então Tiriri sacou uma pedra azul-escura de um bornal que carregava e a um comando projetou a minha imagem, Pai Preto.

Desconcertado, o Comandante fechou sua morada e seguiu com Tiriri.

– Sr. Comandante, estão comentando sobre você em muitos lugares.
– Como assim, Exu?
– Assim, ora!
– O que comentam?
– Dizem que você tem dado importante contribuição aos trabalhadores direto da nova religião.

– Estranho, Exu. Pensei que este era o trabalho de todos nós Comandantes e que eu apenas fazia meu trabalho.

– Pode ser o ideal, Comandante, só que nem todos conseguem o ideal.

– Compreendo...

Conversaram mais um pouco e chegaram em um cruzamento de passagens, conhecido como encruzilhadas, e no meio dele um portal estava aberto.

– Venha, Comandante.

Cauteloso, o Comandante aproximou-se do portal para observar para onde ele o levaria. Satisfeito com a visão, entrou nele.

Do outro lado, um campo limpo e verde. Há muito tempo o Comandante não via cores agradáveis e luz mais intensa. Ao avistar um grupo de pessoas que vinha em sua direção, procurou-me entre eles.

– Minhas reverências, Comandante da Lei nas Trevas! – saudou um homem de armaduras e muito alto.

– Como vai, senhor ...?

– Me chame de Megê Lyr! Participei do seu resgate, Jorge.

– Minhas reverências, sr. Megê Lyr!

– Comandante, estes são nossos companheiros de jornada: este é Lucius, esta é Samira e este é Antônio, todos trabalhadores da senda do Criador e responsáveis por trabalhos de elevação dos nossos semelhantes. Eles o conduzirão para sua nova realidade.

– Realidade, senhor?

– Sim, Comandante. Algumas coisas mudarão daqui para frente.

– Mas e os meus...

– Não se preocupe, todos se beneficiam com os seus benefícios.

– Vamos, irmão? – adiantou-se Samira, uma bela mulher que mantinha sua imagem indígena.

– Sim, companheira.

Foram para o Templo da Luz Espadada, uma edificação curiosa por sua arquitetura toda vertical e por um misto de cores que a encobriam.

Entraram em uma sala onde, sentada sozinha em uma mesa, estava Clara, o seu destino.

O Comandante, que em um passe de mágica tomou a forma de dr. Jorge inconscientemente, emocionou-se e correu em sua direção.

– Clara, meu amor? – gritou feliz.
– Querido!
Aquele abraço rendeu muitas explosões de energias luminosas. O ambiente ficou impregnado de magnetismo de amor, e todos se emocionaram.
– Clara, minha sacerdotisa e meu destino! Não posso acreditar.
– Jorge, meu feiticeiro e meu amor! Acredite – disse sorrindo.
– Clara, como te procurei!
– Sempre estive contigo, querido.
– Que felicidade, que bom é sentir um pouco de alegria!
– Eu também me sinto assim.
– Jorge, você progrediu bastante e se reajustou diante da Lei. Tenho muitos afazeres nas minhas funções. Este momento nos é um presente para que saibamos que estamos próximos ainda que distantes fisicamente.
– Compreendo...
– Você será encaminhado para outras atividades, e quero lhe parabenizar. Agora será demorado um próximo encontro.
– Por que tem que ser assim?
– Um complementa o outro em suas atividades, querido; perdemos muito tempo envolvidos com nossos tormentos.
Ali ficaram algumas horas até que fomos chamados.
– Senhores, estão todos os aguardando – alertou um jovem rapaz.
– Vamos, Comandante! – ordenou Megê Lyr.
Despediram-se. O Comandante os acompanhou e nova transformação sofreu no seu íntimo, um misto de euforia com tristeza dominava seu ser.
Adentraram uma imensa sala onde dezenas de homens e mulheres estavam sentados em círculo para recepcionar o Comandante.
Mestre Sheyur levantou-se e cumprimentou-o:
– Saudações, Guardião Tranca Ruas das Sete Encruzilhadas. Seja bem-vindo!
– Saudações, senhores. Muito obrigado!
Após os cumprimentos e as explicações iniciais, Mestre Sheyur prosseguiu:
– Guardião, pelos serviços prestados na multiplicação e preparação de espíritos humanos em assumir a senda de Lei e por

tornar-se consideravelmente necessário aos nossos trabalhos é que está aqui.

"Você assumirá uma outra colônia, em uma esfera melhorada, sendo esta o limite entre terra, luz e trevas, fazendo valer seu campo de atuação nas encruzilhadas do destino."

– E como fica meu pessoal?

– Todos subirão com você. Assim é um líder na vida dos seus liderados: por onde caminhar, levará os seus.

– Compreendo... E a colônia quem assumirá?

– Já temos tudo pronto para isso, e muitos espíritos aguardam o acesso a essa colônia. Você não se desligará dela, apenas assumirá uma outra, mais ampla e de uma realidade superior, onde receberá os indivíduos que já foram preparados na colônia que hoje comanda. É um trabalho contínuo e interligado.

– Entendo. São os fios que nos ligam...

– Isso, Guardião. Daqui para frente você é o Guardião e, junto com este novo posto que assume, irá trabalhar diretamente na nova religião de união dos encarnados.

– O senhor se refere à Umbanda?

– Sim. Você atuará diretamente em três terreiros. Inicialmente, conviverá com a segurança contra as magias que para lá são direcionadas. Encaminhará seus iniciados para assumirem a esquerda dos médiuns lá iniciados.

– Farei o melhor, senhor.

– Acredito que sim, Guardião.

Ali, Jorge passou por uma série de juramentos e iniciações, recebeu mais instrumentos de trabalho e se comprometeu com todos os presentes. Foi encaminhado para sua nova morada, na qual a claridade solar e a vida natural se faziam presentes. Toda uma estrutura já existia ali, inabitada e pronta para ser assumida. Esta era a missão: junto com os seus, preencher aquela colônia com novos iniciados. Ele ficou sozinho e começou a andar por todo aquele espaço.

– Laroyê, Guardião!

– Pai Preto! Sempre presente!

– Como vai, meu filho?

– Ansioso, meu Pai!

– Imagino... Agora você entendeu o que lhe acontece?

– Penso que sim. Por que essa pergunta?

– Filho, vamos reavaliar sua história e entenderá.

– Em um tempo muito distante, você foi um homem que trazia uma evolução e luminosidade incrível, explorava o Universo Natural e o manipulava com profunda maestria e razão de causa. Foi uma conquista árdua, pois nada é dado pelo Criador sem merecimento. Não existem "presentes", existem conquistas.

– Compreendo, Pai. Por favor, vamos nos recostar naquela árvore, há muito não faço isso. Vou me despir dessa vestimenta simbólica, sinto meu corpo com a necessidade de respirar.

– Claro, filho, faça isso. Fique como quiser, aqui estamos seguros. É sua morada.

Sentamos debaixo de uma bela copa de árvore e revigorados nos sentíamos.

– Muito bem, como eu ia dizendo, se aqui você chegou é por mérito e trabalho contínuo, mas não esqueça do seu passado.

– Tenho andado tão acostumado com tudo isso que não lembro de mais nada.

– Exato, e este pode ser um grande erro.

– Sim.

– Bem, em um passado distante, você assumiu um grau na Luz, ascencionado, e todo este trabalho que exerce, já o fazia na Luz em uma escala infinitamente maior. Trabalhava ao lado do Mestre Lothertal Yê, quando teve a missão de reencarnar no Egito Antigo para, no plano físico, sustentar toda uma egrégora que se iniciava nos mistérios de Ísis. No físico, você testava tudo o que trazia na sua bagagem evolutiva e, no plano astral, Mestre Lothertal Yê te guiava para que tudo acontecesse como programado.

"Assim foi feito. Ainda menino foste iniciado e já exercia seus poderes. Assumiu posteriormente todo o império magístico do reino de Ísis e preparou grandes mulheres para assumir o sacerdócio dela. Toda luz possível te sustentava. Seu coração era realmente comprometido com a missão, até que o preencheu com amor carnal. Não que fosse errado, só que por isso se permitiu envolver com os mais podres sentimentos humanos e, com tudo o que ocorrera, perdeu-se; aconteceu então sua queda, da ascensão para a queda, e todo o tormento que viveu não preciso citar.

"Vivenciou toda sorte de sofrimento, para que pensasse em cada ato negativo. Não foram poucos, não é, meu filho?"

– Sim, meu Pai – resmungou entristecido.

– Após todo o resgate, sua queda já era um fato e não podia ser revertida. Não é porque você se conscientizou dos atos passados que isso o levaria para o grau na Luz que abandonaste. Tudo agora é uma caminhada de reconquista, que não é tão fácil. Na Terra tem muito disso: os seres conquistam seus espaços, os perdem por nada justificável e passam, na maioria das vezes, por um caminho incompreensível para reconquistá-los.

"Assim tem sido sua caminhada; a cada dia e a cada novo iniciado e socorrido espírito humano que recoloca na Lei, sua árdua tarefa de reconquista se solidifica."

– Sinto isso também, Pai. Não espero nada por isso, tenho feito tudo porque sinto que assim deve ser.

– Esse descomprometimento com o ego é fundamental para a sua evolução, assim deve ser. Há alguns anos você está desenvolvendo este trabalho e agora está aqui, em um campo verdejante, com sol aparente e um clima favorável para uma nova caminhada. Sabe o que isso significa?

– Não sei responder!

– Essa é sua redenção, meu nobre filho!

– Redenção?

– Sim. Uma vez que tudo o que fez de negativo sumiu de sua memória e os passos ordenados têm sido sua convicção, a redenção acontece.

"Muitos falam de se arrepender e se redimir, só que palavras não trazem valor nenhum. Tudo no Universo é medido pela obra realizada, e sua obra é palpável."

– E o que será daqui para frente?

– Continue trabalhando e reconquistando sua história, agora redimido por inteiro, e quem sabe eu volte para chamá-lo para assumir seu posto na Luz.

– Não tenho a pretensão, Pai.

– Ninguém que lá está teve, meu filho. Assim são os grandes, que pequenos nunca deixam de se sentir.

– Como é possível que alguém que lida com tão infinita realidade de luz e trevas possa se sentir "grande" ou ter pretensão qualquer? Não conseguiria ignorar desta forma tamanha magnitude do Criador.

– Muitos o fazem, filho. É mais comum do que parece.

– Se é tão comum, então minha saga será conscientizar a todos que cruzarem meu caminho de quão pequenos, falhos e vermiculares são diante da evolução.
– Este é um bom campo de ação.
– Pois bem, Pai, então é nesse campo que me assento. Não medirei esforços para elucidar na alma dos humanos o quão iludidos se tornam em ouvir o ego e toda sorte de sentimentos mesquinhos. Assim, conscientizados e redimidos, eu os ajudarei na caminhada simples e ordenada para a Luz.
– Fico feliz por ter encontrado seu campo de ação perto dos encarnados.
– Eu agradeço ao senhor por essa prosa e por me ajudar tanto.
– Estamos unidos no amor ao Criador, filho.
"Você terá um pouco de tempo para organizar esta sua nova colônia. Muitos espíritos estão sendo trazidos para cá, então prepare rapidamente frentes de trabalho para os recepcionar. Não perca tempo, pois virei buscá-lo para atuar perto dos encarnados. Muita coisa mudou desde que você veio para essa realidade. Terá que se adaptar ao novo e aprender como agir diretamente na estrutura física, na nova religião."
– Espero ansioso por isso...

Capítulo XXVII

A Nova Religião e suas Atribuições

Passado um pouco mais de um ano, dedicado ao trabalho na colônia, o Guardião já havia delimitado bem como seria isso. Foram separadas regiões: ala para os bestiais transitórios, ala para os escravizados, ala para os "magos negros" – nesta ala ele fazia questão de agir pessoalmente –, ala para os sofridos e ala para estudos e iniciações de desencarnados e encarnados que são levados até lá durante o repouso do corpo físico. O trabalho crescia continuamente, e o espaço também.

A maioria dos seres que para lá eram enviados provinha dos choques que a nova religião promovia ao desfazer as magias e os feitiços que acometiam os encarnados. Ali virou uma espécie de passagem obrigatória para a conclusão de alguns trabalhos dos Exus, Oguns e Caboclos; existem muitas outras colônias como essa em torno do trabalho que a nova religião desenvolve. Existem também algumas tendas que no seu plano etérico constituem esse tipo de estrutura.

Como a colônia já ia bem, o Guardião foi convocado para participar da guarda de alguns terreiros que surgiam rapidamente. Começou a atuação em 1912. Muitas casas de manifestações mediúnicas foram absorvendo a boa nova ou sendo absorvidas por ela. Muitas seitas existiam com o uso da mediunidade e da manifestação das entidades que se utilizaram da nova religião como sua identidade.

Inicialmente, o trabalho dele era percorrer por essas casas que não se originavam diretamente da nova religião, mas que precisavam de apoio.

Esse período foi muito delicado para todos nós, pois os "magos negros" começaram a perceber a forte atuação da Umbanda sobre eles e, para desarmonizar o que estava sendo solidificado, iniciaram uma campanha de confusão e batizaram os seus feitos como de Umbanda.

O Guardião trabalhou dessa forma por muito tempo, auxiliando os Exus já escalados nas incorporações. Ele se responsabilizava em finalizar os trabalhos destes, e isto acontecia na colônia que ele mesmo batizou de Colônia Guardiã, fazendo reforçar o motivo de ela existir, que é guardar a ordem.

Por volta de 1945, muita coisa já tinha acontecido na religião e na sociedade que a abrigou. Muitas controvérsias e disputas de ego se faziam presentes, o que ocorre até hoje. Nesse período, ele foi escalado para auxiliar a guarda de sete terreiros espalhados pelo Brasil, cada um em uma região distante da outra, claro que com sua equipe costumeira.

Posteriormente, começou a aproximar o tempo de sua missão junto da nova religião e dos espíritos que ele resgatou, os quais ele precisaria reequilibrar na carne.

Foi apresentado a um terreiro discreto e simples na região do Mato Grosso, onde desenvolveu muita coisa.

Ao chegar lá, observou a forte segurança que aquele casebre mantinha, uma segurança de fortaleza. Aproximando-se do sentinela da porta, saudou-o:

– Salve, companheiro.
– Salve.
– Vim me apresentar ao Guardião desta casa.
– Quem é você?
– Salve, cabra! – falou firme o homem por trás do sentinela. Alto e forte, com trajes nada parecidos com os de um guardião.
– Salve, companheiro!
– Você é o tal cabra que vai me ajudar com umas porcarias aqui?
– Exato!
– Eu sou o Exu responsável!
– Você é o Guardião?

– Pode ser. Aqui somos Exu. Ou ainda não se acostumou?
– Sim, claro. Então é o Exu Tranca Ruas da Porteira?
– Certo.
– Minhas reverências.
– Vamos parar com essas cerimônias. Entre, cabra, temos muito o que fazer.

~~∞∞∞~~

Ao adentrar aquele recinto, percebi que, apesar da forte segurança, o ambiente não era lá tão iluminado. Algumas presenças estranhas assombravam o local, que tinha um mau cheiro. Preocupei-me quando entrei na sala onde a médium fazia seus atendimentos. Sozinha, fazia orações de todo tipo: para uns clamava aos céus e para outros, aos infernos. Seu espírito todo deformado. Um Preto-Velho ao lado trabalhava com ervas que afastavam seres com forma de gato, mas bem menores, que avançavam sobre ela.

Aquilo tudo parecia contraditório e muito confuso. Procurei no ambiente as portas que permitiam a entrada desses seres e as achei dentro de um alguidar com vísceras animais que estranhamente não exalavam cheiro, mesmo estando ali havia muito tempo. Era algo novo para os meus conhecimentos, e minha mente questionou: "O que faz um Preto-Velho e um Guardião com tanta segurança nesse buraco horripilante?"

– Estamos em uma missão, cabra.
– Desculpe, companheiro, mas é tudo estranho.
– Claro, se analisa dessa forma...
"Cabra, esta infeliz não pode desencarnar agora, pois tem muito o que fazer no seu reajuste de débitos pelas atrocidades que cometeu. Essa foi a ordem que recebi."
– Compreendo, então por que não destroem aquele alguidar e fecham estes portais que mais a enegrecem?
– É aí que você se faz necessário, cabra. Ou pensa que veio aqui para me questionar? – ralhou o Exu.
– Certo, o que deseja, Exu?
– Cabra, você tem que quebrar esta porcaria de portal elemental e fazer a devida limpeza enquanto eu seguro essa ação ativada contra ela, que logo logo chegará à porta.
– Assim o farei.

~~~∽∘ᴏ̧ᴏ∽~~~

O Guardião sentou no meio da sala e iniciou seu ritual de evocação dos elementais, um atributo dele. Em pouco tempo, a sala estava repleta de seres indescritíveis que iniciaram toda uma ação de combate aos negativos presentes. Rapidamente, já não havia mais nada de negativo no ambiente. Ele se dirigiu ao portal do alguidar e cravou sua espada no meio dele, o que provocou uma explosão.

Do lado físico, a médium escutou um estilhaço e viu que o alguidar quebrou "sozinho". Preocupada, pensou que estava recebendo outra demanda.

– Cabra, vou aproveitar que está tudo limpo e incorporar nela para tentar lhe passar algumas coisas.

– Apenas lhe fale. Por que incorporar?

– Simplesmente para lhe provar que sou eu e não ela quem pensa e fala. As coisas ainda são assim por aqui, cabra.

O Exu encostou-se ao corpo da mulher e começou a expelir do corpo uma espécie de gás denso que a envolveu toda. Ela sentiu-se atordoada, com o corpo muito trêmulo, e resolveu permitir a incorporação.

Vou abrir aqui um comentário. Muito é dito sobre as técnicas de incorporação. De fato, muitas existem. Esta agora retratada é uma forma de atordoar o médium para que ele se aproxime de um estado de inconsciência ou mesmo de uma semiconsciência para não interferir em nada na comunicação do espírito. Essa é uma técnica utilizada em último recurso e por um motivo vital. O gás ao qual nos referimos é bem isso mesmo, tem um efeito anestésico que lembra o éter medicinal. Agora voltemos à narração.

Quando ela já estava atordoada, o Exu projetou os cordões de conexão, provocando nela algo parecido com uma convulsão, e então já era ele incorporado.

Nesse instante, o marido da mulher entrou na sala enfurecido, pois aguardava a janta que nunca chegava.

– Cale-se, cabra! – ralhou o Exu que modificou totalmente a voz da mulher. Arreie na cadeira que preciso lhe falar.

O homem todo desconcertado e contrariado obedeceu. Na oportunidade, o Guardião se aproximou dele para irradiar fluidos de estabilização.

– Laroyê, Exu. Com quem falo?

– Sou Tranca Ruas, cabra. Agora fique atento. Tudo o que lhe falo esse burro escuta. Te trouxe aqui para que seja minha testemunha.
– O que está havendo, Exu?
– Quer viver em paz, cabra?
– É o que mais tento, Exu!
– Então apenas escute. Não tenho muito tempo.

Ali o Exu ficou algumas horas a explicar ao homem todas as atrocidades em que a mulher estava envolvida. Por ignorância, ele mesmo achava que era certo o que ela fazia. Ao final, tudo foi esclarecido, e a proposta do Exu foi aceita.

Ela teria que parar com tudo e servir apenas a ele, para um trabalho de caridade. E deveria ter na nova religião seu caminho de luz. Ele orientou como tudo deveria ser feito.

Enfim, alguns meses depois, a casa já tinha se tornado um terreiro, no qual um trabalho de luz se desenvolveu.

O Guardião juntou-se ao Exu, e trabalharam no terreiro. O Guardião incorporava, para trabalhos específicos, em um médium que ali foi desenvolvido. O Exu dirigia a mediunidade de outros encarnados e comandava outros terreiros. Era um trabalho muito grande.

Assim foi passando o tempo, e a Umbanda, nova religião, sofreu muitas baixas por conta das confusões inseridas nela.

O Guardião administrava seu tempo entre a colônia e os trabalhos na Terra.

Era 1969 quando foi informado que começariam a encarnar seus elos com tempos diferentes.

Foi visitado por um emissário que levava o grau de Caboclo.
– Salve, Guardião.
– Minhas reverências, Caboclo. Que inesperada visita!
– Estou contente em visitar esta colônia, Guardião.
– Fico lisonjeado, Caboclo. Sinta-se à vontade.
– Guardião, tu sabes o quanto a Umbanda já está sendo apedrejada, não é?
– Sei sim, Caboclo. Malditos homens e mulheres que ainda insistem em ser escravos das ambições e dos interesses torpes.
– O maior problema que vemos são as confusões, Guardião. O nome dela sendo confundido com barbáries e sujeiras...
– Humanas!
– Também somos humanos, Guardião. Eis aí nossa obrigação com os irmãos sem esclarecimentos.

– O que quer dizer com isso, Caboclo? Que agora vamos ter que acarinhar essa cambada?

"Estou cansado de ver diariamente milhares de seres sendo invocados das profundezas para conviver com essa gente que se acha muito esperta. A população de bestas é maior que a dos encarnados. Onde vamos chegar com tudo isso?"

– Avaliemos diferente, Guardião. Essa reação é natural por conta das limitações dos encarnados. São criados em sociedades e famílias apegadas a uma imagem e ao materialismo.

– Isso eu compreendo, Caboclo. Me perdoe o desabafo, é que ando muito contrariado com tudo isso. E nossa categoria? Que de uns tempos para cá virou "diabo", "demônio" e tudo que possa existir de pior. No entanto, os criadores dessas máscaras são os maiores infernos deles mesmos.

– Talvez seja este o desafio de vocês, Guardião, que por meio do trabalho provarão que são como anjos – disse o Caboclo rindo.

– Pode ser...

– Também não se esqueça, Guardião, de que nós, Caboclos, Pretos-Velhos e outros, somos confundidos com espíritos perdidos, "almas penadas", ignorantes e muito inferiores aos encarnados. Também em algumas situações somos retratados como "demônios".

– Sei disso, Caboclo.

– Ora, então chegamos à conclusão que mais vale fazer algo para mudar esta realidade do que apontar tanta desmotivação.

– Está certo, Caboclo. Penso que estou contaminado pelo jeito encarnado de ser – disse gargalhando.

– Muito bem, Guardião. Vim visitá-lo para trazer um comunicado. Por tudo isso que tem ocorrido, nos próximos anos teremos na Terra um grande grupo de encarnados movidos pelo sentimento de exaltar e recolocar a Umbanda no mundo como uma forma organizada e responsável de se aproximar de Olorum. Já foram encarnados muitos desses, e tantos outros já estão sendo encaminhados. Uma nova forma de entendê-la será revelada, e esperamos que grandes transformações ocorram.

– Tenho aguardado isso, Caboclo.

– Pois então chegou a hora, Guardião! Teremos uma frente de trabalho e em breve seremos levados ao encontro do médium que nos servirá de porta para nosso trabalho.

– Como será esse trabalho?

– Com muitos outros que já estão sendo preparados, formaremos uma grande e potente egrégora de pacificação e esclarecimentos na nova religião. Esses milhares de encarnados estarão compromissados em esclarecer e separar o joio do trigo neste meio.
– Já imagino o que vai acontecer – satirizou.
– Exato. Muitos serão os ataques contra eles, que mesmo estando esclarecidos e preparados para o combate, necessitarão da nossa ajuda e muito ainda da ajuda de vocês, Exus e Pombagiras, para bloquear tantos ataques.
– Será, então, uma guerra, praticamente um massacre.
– Depende, Guardião. Não estamos para atacar, mas para nos defender. E que seja feita a Lei Divina.
– Sim.
– Serão muitos os guerreiros de branco, e, em pouco tempo, quando eles iniciarem o trabalho, a nova religião se reorganizará.
– Você tem boa-fé, Caboclo, mas sinceramente não tenho este otimismo. Milhares continuarão no ostracismo e no ócio evolucionista.
– Certamente, Guardião, mas não devemos dar importância a isso. Seremos a maioria em um trabalho delineado. Trabalharemos juntos em uma frente que soma com a maioria.
– Ótimo. Fico feliz em acompanhá-lo.
– Será um prazer, Guardião.
Ainda conversaram muito sobre o futuro próximo, arquitetaram ações e discutiram como agiriam com aquele que seria seu mediador.
Após algumas cerimônias de comprometimento, despediram-se.
O Guardião continuou com seus afazeres na colônia e nos terreiros, e o tempo foi passando.
Neste período ocorreu um trabalho de auxílio a um médium que se preparava para somar na nova proposta com a nova religião, e muitos guardiões e guardiãs foram convocados para esta que seria uma grande batalha.
Era uma noite estrelada, e a lua iluminava todo o céu. Parecia mais uma noite com um toque de romantismo.
Chegaram em uma casinha simples, mas muito bem arrumada. Havia poucas pessoas fora a família que ali habitavam. No portão, os Exus responsáveis por aquela casa já formavam a proteção. No

Congá, nome do altar na Umbanda, algumas imagens de santos e caboclos mescladas com imagens de Pretos-Velhos. O médium se concentrava e acendia as velas. A cada uma que acendia, um facho intenso de luz se ligava vindo do teto e irradiava por todo o ambiente, entrando no chakra cardíaco dos presentes, que se sentiam aliviados e em paz ali dentro. Pena que alguns, ainda com o coração petrificado, mantinham uma certa dificuldade na absorção dessas luzes que, quando todas as velas eram acesas, pareciam um arco-íris em forma de tapete naquele espaço.

O Ogum responsável por aquela casa se aproximou do médium e o fez intuir que em poucos minutos um grande ataque chegaria ali, mas que não se preocupasse, apenas mantivesse a concentração e o amor.

Do lado da assistência, algumas Pombagiras circulavam o espaço e abraçavam a cada um, revigorando o equilíbrio energético deles.

Uns elementais, "duendes", aproximavam-se de algumas pessoas e retiravam uns vermes que ficavam grudados no corpo delas, enfraquecendo-lhes o magnetismo. O interessante é que eles comiam esses vermes, regurgitavam, tiravam da boca uma massa luminosa e tampavam as feridas que se abriam por conta dos vermes.

O trabalho era completo. Isso ocorre na maioria dos terreiros de Umbanda, naqueles que a praticam na forma mais próxima de sua essência e de sua caridade.

Foi dado o toque de início, e todo o ritual foi sendo executado. Para cada linha de trabalho saudada, uma luz de cor diferente era irradiada do assentamento responsável no altar e percorria todo o ambiente.

Manifestou-se a linha de Pretos-Velhos que faziam o atendimento da noite. Tudo corria bem, até que próximo do fim chegou ao terreiro um homem, este encarnado. Junto dele vinha um batalhão imenso de seres horrendos, todos enlouquecidos, perdendo a noção do perigo a que estavam se expondo.

A rua ficou intransitável de tão preenchida por essas bestas, que não davam um passo sem o comando desse encarnado.

Acreditando que não tivesse mais ninguém na rua, o homem tirou um recipiente de dentro da bolsa. No recipiente havia sangue

ainda quente. Aquela cena enfureceu o Guardião, que foi abordado pelo Exu responsável pela casa:
– Salve, Exu Tranca Ruas!
– Salve, Exu Marabô!
– Tranca Ruas, já viu que este é o infeliz que muito petulante veio pessoalmente, acreditando que esta corja poderá derrubar nosso trabalhador?
– De fato ele está bem acompanhado, Marabô.
– São números apenas, sem capacidade.
– Mas estão todos em uma espécie de transe, observe. Este infeliz deve ter sacrificado muitos animais para alimentar cada um desses e deixá-los tão frenéticos.
– Sim, e agora ele vai riscar um símbolo de inversão com o restante do sangue, que para eles representa o prêmio final.
– Vamos agir, Marabô.

O Exu Marabô evocou ali sete panteras que davam medo de olhar. Elas babavam de tanta vontade de atacar aqueles infelizes.

Quando o homem de preto acabou de riscar o símbolo, a rua virou um reboliço. Marabô permitiu a entrada dele. Mas sem que o homem percebesse, formou-se um corredor de Exus plasmados em seres horrendos. Conforme ele andava, um a um se apresentava a ele como *flash* fotográfico. Isso o perturbou, mas mesmo assim ele entrou no terreiro.

Ao redor do símbolo que abriria um portal bestial, sete Exus Magos e sete Pombagiras Magas o cercaram e fecharam o portal. Isso bastou para aquela multidão de sanguinárias bestas iniciar um ataque indescritível.

Os Exus e as Pombagiras, com seus armamentos, mantinham o controle, amarrando e ferindo as bestas. Muitas foram dilaceradas pelas panteras, que comiam seus membros. Marabô comandava toda aquela ação.

Tranca Ruas, com seu ponteiro, aleijou muitos. A peleja era interminável.

Com isso, a "nuvem" densa que se formava lá fora foi entrando no terreiro. O médium chefe percebeu o que estava acontecendo e chamou a presença dos Oguns. Nesse momento, o homem de preto se levantou e complicou a situação:
– Pai Silvio, seu farsante! Veja, pessoal. Como vocês acreditam nele? Ele é um charlatão, está enganando todos vocês.

Do Congá, Pai Silvio não acreditava no que via. Alex, seu primeiro filho de santo, criara toda aquela situação.

Na assistência, um mal-estar começou a ser gerado, e muitos começaram a vibrar dúvidas, dando crédito ao homem que ali acusava aquela casa simples que mantinha uma luz invejável.

Alguns cambones foram tentar diálogo com o homem.

Pai Silvio em silêncio chorava por dentro, mas manteve a concentração e rogou a presença da Lei de Ogum.

Os médiuns da corrente foram tomados pelos Oguns de trabalho e fizeram uma limpeza no ambiente. E, em uma explosão de luz, postou-se no meio do terreiro um Ogum Beira-Mar.

Por meio da parca clarividência, Pai Silvio viu esta presença e se tranqüilizou.

Ogum Beira-Mar chamou sete Exus responsáveis por batalhões, entre eles estava Tranca Ruas, o Guardião.

Todos entraram no espaço sagrado do terreiro e ajoelhados receberam as ordens.

– Laroyê, Exus!

– Salve, Ogum!

– Nós vamos retomar a ordem etérica desta casa. Tirem o espírito deste homem do corpo e o acompanhem até o local onde ele fez as matanças e até a casa onde ele mantém toda espécie de maldade. Acabem com tudo, até o último ponto de ligação.

– Sim, Senhor Ogum!

– Vão!

Alex continuava a gritar e a bradar injúrias. Estava preocupado, pois contava com a manifestação de seu "Exu" para dar cabo em Pai Silvio. Então, os sete Exus o cercaram, e o Sr. Exu Capa Preta, em um tranco, incorporou nele, desestabilizou sua mente, pediu desculpas a todos os presentes e o levou para dentro do espaço sagrado do terreiro. Quando os Oguns incorporados o cercaram, Capa Preta desincorporou e no mesmo tempo tirou o espírito de Alex do corpo, que caiu largado no chão. Os cambones sabiam como agir. Então, Ogum Beira-Mar incorporou no Pai Silvio e nele comandaria o trabalho.

Os Exus tinham pouco tempo. Marabô, enfurecido, foi segurar Alex.

– Vamos, maldito, leve-nos até a encruzilhada que você amaldiçoou nesta noite – ralhou com fúria.

– Se... Se... Senhor, o q... que... está acontecendo?

– Seu verme, sem perguntas. Vamos!
– Me... me... Perdoe.
Foi o suficiente para Marabô desferir um golpe no infeliz.
– Calma, Marabô. Não adianta isso. Precisamos dele para chegar ao objetivo – ponderou Exu Sete Espadas.
– Tirem ele de perto de mim – disse isso e jogou o homem nos braços do Exu Caveira, que o segurou gargalhando.
– É, cabra, tu estás ferrado. Ah ha ha ha ha! – zombou Exu Caveira.
Alex, em prantos, pedia perdão.
– Infeliz, cale essa maldita boca, engula essa porcaria de arrependimento e em silêncio nos leve onde precisamos – ralhou Tranca Ruas.
– Vamos, que nosso tempo é curto – alertou Exu Tiriri.
Os Exus saíram de lá para ir ao destino esperado. Na rua, o chão estava coalhado de infelizes Kiumbas dilacerados. Alguns sentinelas foram atingidos, mas já haviam sido socorridos pelos "duendes".
As vibrações do ambiente já tinham sido equilibradas.
Ao chegar na encruzilhada, os Exus não acreditavam no que viam. Parecia uma chacina animal. Tinha todo tipo de animal estirado no chão. As víceras amontoadas no centro da encruzilhada formavam uma egrégora demoníaca.
– Senhor, quem disse que demônio não existe?! – resmungou Exu do Lodo.
– Existe e está aqui entre nós, não é, infeliz? – ralhou Marabô com Alex.
Marabô não conseguia se conter. O que mais o enraivecia era o fato de ele mesmo um dia ter iniciado Alex nos mistérios da Umbanda, e deste, só por não ter sido escalado como pai pequeno do terreiro, revoltar-se com tudo, querendo se vingar daquele que um dia chamou de Pai Espiritual.
Sobre as víceras tinha um ser difícil de descrever. Lembrava um polvo, que, com seus tentáculos ligados a cada animal, ia retirando a energia vital deles e jogando tudo aquilo para uma outra região. Era imenso, gelatinoso, nojento!
– Onde aprendeu isso, maldito? – perguntou Marabô.
– Em livros, Senhor. Não imaginava que era assim, pensei que era uma oferenda qualquer.

– Oferenda, infeliz? Você leu essa porcaria toda e pensou que era só uma oferenda? Olhe ao seu redor e veja a chacina que promoveu. Faz idéia do que terá que pagar? – esbravejou Tranca Ruas em defesa de seu ponto de força, que é a encruzilhada.
– Eu não sei o que dizer...
– Não diga nada. Vá até aquela coisa que você animou e tente cessar sua ação, babaca! – falou Exu Porteira.
Alex se aproximou daquela "coisa". Narro como "coisa", pois falta vocabulário humano para descrevê-la. Ajoelhou-se e tentou pedir para aquela "coisa" cessar a atuação. O resultado foi ela desferir um tentáculo em cada braço dele, que se desesperou e começou a gritar.
– Já basta, senhores. Vamos acabar com isso – ordenou Tranca Ruas, que cravou sua espada no chão.
Filetes cortantes começaram a ser lançados nos tentáculos. Com seu ponteiro, Tranca Ruas riscou um ponto de comando ordenador, e, de dentro dele, muitos elementais armados começaram a sair e a cercar a "coisa".
Os Exus também circularam a "coisa" e, com seus armamentos, desferiram golpes para cessar a vida dela.
Tranca Ruas mantinha-se sentado e controlava os elementais, que, em um só comando, atacaram juntos a "coisa". Ela explodiu e levou junto um braço de Alex, que caiu desmaiado pela dor. Marabô correu para recolhê-lo.
De onde estava, a "coisa" começou a jorrar um líquido viscoso. Era o sangue etérico já transformado. Como um chafariz, lavou a encruzilhada.
Os elementais entraram naquele portal negativo e trouxeram de volta o "espírito" daqueles animais sacrificados.
Outro grupo de elementais recolhia aquele "sangue" jorrado e neutralizava a energia dos cadáveres.
– Vamos, companheiros. Quem se habilita a entrar neste nojento portal? Daqui eu o controlo e os encaminho aos pontos que estão ligados, para finalizar essa ação.
Então, Sete Espadas, Lodo e Caveira entraram no portal. Tudo acontecia muito rápido, ainda mais pelo fato de Alex ter sido lesado. Mesmo com curativo para cessar o "sangramento", ele sentia terríveis dores e alucinava desmaiado.
Marabô, Porteira e Tiriri retornaram ao terreiro com Alex.

Em outro ponto estavam os Exus. Em um porão rusticamente construído, havia uma infinidade de pontos riscados e alimentados, com o nome de Pai Silvio e de Marabô. Eles exterminaram tudo. Quando destruíam os pontos, chegavam elementais para a limpeza.

Voltaram para a encruzilhada. Tranca Ruas já estava esgotado.

Fecharam o portal e, com tudo ali estabilizado, retornaram ao terreiro.

Lá, Ogum Beira-Mar reanimava Alex e tomava o devido cuidado para fazer ele lembrar de tudo ao acordar.

Alex acordou gritando de dor e chorando muito de arrependimento. Seu braço esquerdo já estava escuro e deveria ser amputado, o que foi feito quando conduzido ao hospital.

Ali, tudo se tranqüilizou. Tempos depois, Alex se harmonizou com Pai Silvio. Teve uma complicação na coluna e foi obrigado a ser conduzido por cadeira de rodas, mas mesmo assim participava das atividades do terreiro.

Narrei toda essa história para que você, leitor, entenda um pouco mais de como se procede certas ações e reações de atitudes.

Incrivelmente, esses combates são mais freqüentes do que se imagina nos milhares de terreiros espalhados por este mundo.

Capítulo XXVIII

Início de Nova Semeadura

Alguns anos passados, o novo trabalho para a reestruturação da Umbanda já estava sendo solidificado.

O Guardião Tranca Ruas já se preparava para agir neste trabalho, pela religião e pelo seu resgate com os elos caídos.

Ao iniciar o trabalho na liderança de alguns agrupamentos, foi encontrando os seus companheiros de longa data e cumprindo com o que a Lei esperava dele.

A partir daqui, no momento em que encerro esta narração, é dado o ponto de partida para uma história a ser construída.

Acompanharemos e veremos o que no futuro poderemos levar de novo.

A Umbanda passa por bruscas modificações. Milhares de encarnados e de espíritos encarnando se encontram com uma estrutura de reordenação daquilo que, por infinitos motivos, levou os encarnados a confundirem toda uma nação a respeito desta que é a filha amada do Criador.

A nova religião, como defino, tem como missão renovar a crença em Deus com os encarnados. Ainda não é este o momento. Atualmente, todos os trabalhadores desta ordem apenas prepararam o ambiente que será no futuro aberto para a grande massa planetária. Aproveito essa oportunidade para certificar a todos os trabalhadores de Umbanda que seus esforços têm rendido muito para nós do lado de cá.

Acreditem sempre e não permitam que a dúvida venha a assombrar vossas mentes e corações.

Avante, filhos de fé! Com a nossa lei, não há nada a temer!

Minhas reverências a você, leitor e espírito amigo.

Saravá!

Pai Preto de Aruanda

Palavras Finais

Certo dia, Pai Preto me procurou e solicitou a permissão de trazer ao plano físico minha história.

Confesso que avaliei com estranheza, uma vez que não penso ser uma história tão relevante. Acredito ainda que ela seja muito normal e sei que muitos companheiros teriam histórias parecidas ou até mais ricas do que a aqui narrada. Mas ele insistiu que seria importante, e como não negaria a ele nada, aqui está um breve comentário dos principais fatos dessas passagens de minha existência.

Fiquei mais surpreso quando aceitei a proposta. Ele já tinha escrito minha história e queria que eu mesmo narrasse algumas passagens, como foi feito. Mas reforço que todo o mérito autoral é deste sábio Pai.

Gostaria de aqui, no encerramento desta narração, ressaltar a importância da redenção. Mas que redenção?

Nos terreiros por aí afora, muito se exalta a resignação dos Pretos-Velhos, não como os dicionários da Terra interpretam, sendo uma espécie de conformismo e aceitação de fatos sem entendimento. Eis aí o mistério. Entender para compreender e aceitar. Isso falta em vocês encarnados.

Vou até mudar meu direcionamento e ser individual em vez de ser coletivo neste discurso. Agora somos eu e você apenas!

Portanto, em relação a uma infinita gama de espíritos que diariamente se manifestam nas casas, nas tendas e nos terreiros de Umbanda para te auxiliar, se espera ao menos o mínimo de bom senso. O que vemos é um bando de carneirinhos domados, mas que são suficientemente espertos para defenderem o ego.

Quando você é questionado por suas atitudes ou até mesmo apontado sem delongas por causa de suas falhas, logo trata de desconversar ou mesmo de se colocar em uma situação de vítima.

Está na hora de você entender que a Umbanda oferece intimidade na convivência do espírito com o encarnado e que isso mesmo acaba sendo ruim para ambos.

Você imagina que por ter tamanha intimidade conosco, se acha no direito de mandar, influenciar e desmandar. Então quem é quem nesta trama?

Eu me redimi. Tive a oportunidade da redenção, e você também a tem. O que está fazendo?

A todo o momento nos movimentamos para auxiliá-los; no entanto, vemos cada vez mais os interesses umbilicais suprirem a necessidade de redenção.

Redimir-se não é falar que tentará mudar. Redimir-se é fato, é convicção no reconhecimento e na aceitação do que lhe foi apontado, e não criar uma máscara ou vestir-se com a pele do cordeiro.

Certamente, chegará o momento em que você não poderá negar a podridão que insiste em manter dentro de si, quer seja do lado de cá, o que é pior, ou ainda na carne, o que exige humildade.

Não somos seres programados para agradar-lhe ou beneficiá-lo com algo diferenciado, tampouco estamos dependentes de você.

Assim, quem é quem?

Hoje ou ontem, alguém lhe revelou quem você é?

E você? Entendeu ou tentou virar o espelho?

Eu sou o que sou!

Espero que encontres a sua redenção.

Já pensou o que é isso na sua vida?

Exu Tranca Ruas das Sete Encruzilhadas